Matthias Altenburg

COURAGE

Matthias Altenburg

COURAGE

Anstiftung zum Ungehorsam

DUMONT

Dank an Jutta Ditfurth, Götz Eisenberg, Tanja Rauch,
Jürgen Roth, Jürgen Weidt, Petra Wolfram. Und an
Christiane und Paula.

FSC
www.fsc.org
MIX
Papier aus ver-
antwortungsvollen
Quellen
FSC® C083411

Erste Auflage 2012
© 2012 DuMont Buchverlag, Köln
Alle Rechte vorbehalten
Umschlag: Zero, München
Gesetzt aus der Sabon
Gedruckt auf säurefreiem und chlorfrei gebleichtem Papier
Druck und Verarbeitung: CPI – Clausen & Bosse, Leck
Printed in Germany
ISBN 978-3-8321-9681-3

www.dumont-buchverlag.de

Und ich dachte immer: die allereinfachsten Worte
Müssen genügen. Wenn ich sage, was ist
Muß jedem das Herz zerfleischt sein.
Daß du untergehst, wenn du dich nicht wehrst
Das wirst du doch einsehn.

Bertolt Brecht

Liebe Paula,

ob es Dir wohl peinlich ist, was Du hier über mich erfährst? Weil ich davor ein wenig Angst habe, fällt es mir leichter, Dir zu schreiben, als mit Dir darüber zu reden. Aber ich habe das Gefühl, Du solltest das alles wissen. Denn wäre ich nur ein wenig früher geboren, wäre alles nur ein bisschen anders gekommen, wer weiß, dann hätte ich auch im Gefängnis sitzen können.

Ich hatte eine wilde, schöne Kindheit, damals zwischen Hochhäusern und Hasenställen, zwischen den Kleingärten und der großen Fabrik, wo alle unsere Väter arbeiteten und wo wir die Wachhunde hinter dem hohen Zaun bellen hörten. Meine Eltern haben schwer arbeiten müssen. Und oft hat mein Vater nach den acht Stunden am Fließband noch eine zweite Schicht angehängt – damit wir Kinder genug zu essen hatten, uns ordentlich kleiden, eine gute Schule besuchen und mit auf Klassenfahrt gehen konnten. Meine Eltern, Deine Großeltern, Du weißt es, waren fromme Christen. Sie neigten nicht dazu aufzubegehren, aber sie spürten die kleinste Ungerechtigkeit. Und sie lehrten mich, empfindlich darauf zu reagieren.

Ich habe mit der Bibel lesen gelernt. Die Geschichte vom kleinen David, der den starken, mächtigen Goliath besiegt, hat mir gut gefallen. Und auch die vom Heiligen Martin, der seinen Mantel mit einem Bettler teilt. Das ist es, was meine Eltern mir beibrachten: dass man Fremden freundlich begegnen soll, dass man sich immer auf die Seite der Schwachen, der Armen stellen muss. Es gibt kein fremdes Leid.

Vielleicht war es ja nur ein Zufall: Aber als ich jung war, gab es in meiner Umgebung nicht nur viele Christen, sondern auch viele Linke. Von beiden habe ich gelernt, von beiden bin ich erzogen worden. Die Nazizeit war noch nicht lange vorbei, und selbst als Kind erfuhr man einiges darüber. Ich hatte »Die Moorsoldaten« gelesen, das Buch eines jungen Mannes, der von der SA schwer gefoltert und ins KZ Börgermoor gebracht worden war und der später in die Schweiz flüchten konnte. Und ich wusste von Dietrich Bonhoeffer, einem Theologen, nach dem heute unsere Straße benannt ist, der von den Nazis noch im April 1945 nackt zum Galgen geführt und erhängt wurde.

Auch in unserer kleinen Stadt und in den Dörfern der Umgebung gab es Frauen und Männer, die sich gegen die Nazis gewehrt und sich geschworen hatten, dass eine solche Zeit nie wiederkommen dürfe. Was sie zu erzählen hatten, interessierte mich. Ich suchte ihre Nähe, hörte ihnen mit großen Augen zu und fühlte mich wohl bei ihnen.

Die Kommunisten in der Sowjetunion und in der DDR haben viele grässliche Fehler gemacht und sogar schlimme Verbrechen begangen. Die Linken, die ich in unserem Land kennenlernte, waren anders. Es waren oft ganz einfache, aber mutige, kluge Menschen. Und manche von ihnen hat man auch nach dem Krieg noch ins Gefängnis gesteckt – obwohl wir doch nun eigentlich in einer Demokratie lebten.

Ich kannte einen kleinen, alten Mann, der vor noch gar nicht langer Zeit gestorben ist. Er hieß Peter Gingold und wohnte in Frankfurt. Sein Vater war ein jüdischer Schneider aus Aschaffenburg. Peters Eltern und seine Geschwister mussten schon im Mai 1933 nach Frankreich emigrieren. Peter, er war gerade 17 Jahre alt, folgte ihnen und begann sofort, von Paris aus, gegen die Nazis zu kämpfen. Als die Deutschen Frankreich besetzten, hat man ihn verhaftet und gefoltert. Zwei seiner Geschwister wurden nach Auschwitz gebracht und dort ermordet.

Das alles, liebe Paula, ist lange her und Du fragst Dich vielleicht, was das mit Dir und mir zu tun hat. Ich lernte Peter Gingold kennen, als ich so alt war, wie Du jetzt bist – das war Mitte der siebziger Jahre. Er hatte bereits eine erwachsene Tochter, Sylvia, eine junge Frau, die ich sehr bewunderte. Sie wollte Lehrerin werden, und ich hätte gerne bei ihr gelernt. Aber man wollte sie keine Schüler unterrichten lassen, weil sie Kommunistin war. Und auch wenn es unglaublich klingt: Der Richter, der ihr das verbot, war ein Nazi gewesen. Ich kannte eine Krankenschwester, die keine Kranken mehr pflegen durfte, und einen Postboten, der keine Briefe mehr austragen durfte. Aber gleichzeitig gab es alte Nazis, die mitten in der Bundesrepublik noch immer Recht sprechen durften und die eine jüdische Familie wie die Gingolds in der dritten Generation verfolgten.

Damals, als ich sechzehn, siebzehn Jahre alt war, hat es in meinem Kopf klick gemacht. Fast von einem Tag auf den anderen bin ich zu einem politischen Menschen geworden. Und mit mir ging es vielen Jugendlichen so. Wir begannen, auch außerhalb der Schule zu lernen und zu lesen. Wir hatten das Gefühl, alles wissen zu müssen.

In unseren Köpfen und Herzen ging vieles durcheinander: Liebe und Politik, Angst und Hoffnung. Wir fürchteten uns vor einem neuen Krieg und hofften auf eine gerechtere Welt. Vor allem wollten wir unser Leben selbst bestimmen. Wir gründeten Wohngemeinschaften, weil wir am liebsten dauernd zusammen sein und alles gemeinsam machen wollten: wohnen, kochen, essen, lernen, Flugblätter schreiben, feiern, tanzen, Streiks organisieren. Es machte riesigen Spaß.

Wir halfen den Lehrlingen und jungen Arbeitern, indem wir ihre Flugblätter vor den Toren der großen Fabrik verteilten. Kaum waren wir da, erschien der uniformierte Werkschutz und verjagte uns. Und so lernten wir, dass die Fabrik der Ort ist, wo die Demokratie endet. Hinter den Türen der Betriebe galten andere Gesetze. Wir fanden das nicht in Ordnung. In einer Demokratie – so dachten wir – muss auch die Wirtschaft demokratisch sein. »Wer die Werte schafft, soll auch über sie verfügen«, stand auf den Flugblättern der Arbeiter.

Wir organisierten Schulstreiks, wir demonstrierten für bessere Bildung und gegen neue Raketen. Wir blockierten Kreuzungen, besetzten leere Häuser und stellten uns vor die Wasserwerfer der Polizei. Manchmal wurden unsere Wohnungen durchsucht, wir wurden vom Verfassungsschutz überwacht, und einmal – es war im Winter, und ich hatte Fieber – hat mich die Polizei eine halbe Stunde lang mit vorgehaltener Maschinenpistole auf der verschneiten Landstraße stehen lassen. Man beschimpfte uns als Chaoten, als Radikale und Extremisten. Aber uns war das egal, wir lachten darüber. Weil alle guten Argumente auf unserer Seite waren, waren wir ziemlich sicher, dass die Welt bald ein bisschen mehr nach unseren Vorstellungen eingerichtet sein würde. Wir waren siegesgewiss, allzu siegesgewiss. Man könnte auch sagen: wir waren dumm. Denn es kam alles ganz anders.

Der Wind im Lande drehte sich, die Polizei wurde aufgerüstet, der Druck von oben wurde immer größer. Und wir wurden weniger. Manche resignierten, manche machten Karriere und ihren Frieden mit der Welt, manche nahmen Drogen und starben. Und ein paar andere, die glaubten, man könnte die schlechten Zustände nur bewaffnet bekämpfen, saßen schon wieder im Gefängnis.

Als dann um das Jahr 1990 die Staaten im Osten zusammenbrachen, sagte man uns: Seht ihr, es gibt keine Alternative zum Kapitalismus. Jeder, der links war, galt nun als naiver Träumer. Aber seitdem ist die Welt nicht gerechter geworden, sie ist noch viel ungerechter geworden. Die Reichen sind noch reicher geworden, die Mächtigen noch mächtiger und unsere Demokratie noch ein wenig undemokratischer.

Warum, liebe Paula, schreibe ich Dir nun? Nicht, weil ich will, dass Du so wirst wie ich. Jeder Mensch ist anders. Jede Generation muss sich auf ihre Weise in der Welt zurechtfinden. Jeder muss selbst herausfinden, wie viel Kraft, wie viel Mut er hat. Aber Du sollst einfach wissen, wie es war und wie es ist. Denn weil es meine Geschichte ist, ist es ja ein bisschen immer auch die Deine. Und so ist eigentlich das ganze Buch zu einem langen Brief an Dich geworden.

Sei umarmt und lieb gegrüßt von
Deinem MA
(der hofft, dass Dir das alles nicht gar zu peinlich ist)

Juni 2012

Kein Mitleid

Der reichste Mann Deutschlands heißt Karl Albrecht und ist der Besitzer der Einzelhandelskette Aldi Süd (25,4 Milliarden Dollar). Auf Platz zwei folgt Karls Bruder Theo Albrecht. Platz drei belegt der Chef des Otto-Versands Michael Otto (17,6 Milliarden Dollar). An vierter Stelle steht mit 13 Milliarden Dollar die Automobil- und Pharma-Unternehmerin Susanne Klatten (BMW, Altana).

In Deutschland besitzen die reichsten 10 Prozent der Bevölkerung über 60 Prozent des gesamten Vermögens. Den ärmsten 70 Prozent gehören zusammen gerade mal 9 Prozent. Und alle Studien belegen, dass die Schere zwischen Arm und Reich von Jahr zu Jahr immer weiter aufgeht: Die wenigen Reichen werden noch reicher, die Armen werden noch ärmer. Und auch die Zahl der Armen ist in den letzten Jahren weiter gewachsen – inzwischen sind es 22 Prozent der Bevölkerung. Ihr durchschnittliches Nettoeinkommen beträgt nicht einmal 680 Euro im Monat.

Die zunehmende Ungleichheit hat nicht nur Folgen für die Betroffenen, sie hat auch gravierende Folgen für unser Zusammenleben. Denn eine ungleiche Gesellschaft funktioniert sehr viel schlechter. »Massive Ungleichheit macht eine Gesellschaft ganz generell dysfunktionaler. Ohne Ausnahme«, sagt der britische Sozialforscher Richard Wilkinson. »Ob es um Kriminalität, Gewalt, Drogenmissbrauch, Schwangerschaften im Kindesalter, um schlechte Gesundheit, Fettleibigkeit, den Bildungsstand oder die Lebenserwartung geht: Überall zeigt sich, dass ›ungleiche‹ Staaten wesentlich schlechter dastehen. Und zwar nicht nur ein bisschen schlechter.«

Das heißt, würde man die Reichen – zum Beispiel durch höhere Steuern – zwingen, die Ungleichheit zu verringern, würde das dem gesamten Staat nützen. Die konservative Tageszeitung »Die Welt« konterte solche Gedanken mit zwei besonders markigen Sprüchen:

Reichensteuer? Dieser Staat hat kein Mitleid verdient.

Das Dauergebet von der wachsenden Schere zwischen Arm und Reich schürt nur Neid.

Quellen: *Die Mittelklasse irrt,* Ein Gespräch mit Richard Wilkinson, Die Zeit, 26.3.2010; Andrea Seibel, Die Welt, 31.8.2011

Geben Sie mir einen Dollar!

James Richard Vernone wachte am 9. Juni auf. Nachdem er geduscht und sein frisch gebügeltes Hemd angezogen hatte, bestellte er sich ein Taxi. Dann beraubte der bislang unbescholtene Mann eine Bank. Er betrat unbewaffnet den Schalterraum, schob einen Zettel unter dem Panzerglas hindurch und verlangte, dass man ihm einen Dollar aushändige. Er wandte sich an den Schalterbeamten und verkündete, dass er sich jetzt hinsetzen und auf die Polizei warten werde.

Kurz vor der Tat hatte der neunundfünfzigjährige Arbeitslose einen Brief an die örtliche Zeitung geschrieben, in dem er seinen Banküberfall ankündigte: »Ich bin geistig gesund, aber körperlich krank.« Als Absender gab er vorausschauend bereits das Bezirksgefängnis an. James Richard Vernone leidet an einer Erkrankung seines Handgelenks, an einer Geschwulst auf der Brust und an starken Rückenschmerzen. Seinen Job bei der Coca-Cola Company hatte er nach siebzehn Jahren verloren. Er habe alle Möglichkeiten bedacht, sagte Vernone, aber da er nicht krankenversichert sei, habe er am Ende keine andere Möglichkeit gesehen, als straffällig

zu werden und auf medizinische Versorgung im Gefängnis zu hoffen. Für den Fall, dass seine Strafe nicht
hoch genug ausfalle, habe er bereits einen Plan:

»Dann mache ich es wieder!«

Quellen: Gaston Gazette, 16.6.2011; Telepolis, 30.6.2011

Dann bin ich unten durch

»Als ich nicht wusste, wie ich vor drei oder vier Monaten das Essensgeld aufbringen sollte, teilte ich meinem Sohn mit, dass er an dem Mittagessen in der Schule nicht teilnehmen könne, weil ich das Geld nicht dafür hätte. Es sollten übrigens alle Kinder in der Klasse dran teilnehmen. Die Kinder sollten sich dadurch besser kennenlernen. Der soziale Zusammenhalt sollte dadurch gefördert werden. Das betonte der Schulleiter ausdrücklich. Das nennt man übrigens Teilhabe am gesellschaftlichen Leben. Das ist aber mit Hartz IV eine Schwierigkeit!

Mein Sohn fing daraufhin hemmungslos beim Mittagessen an zu weinen. Was meint ihr wohl, wie mies ich mich dabei gefühlt habe. Ich habe meinen Sohn in die Arme genommen und ihn zu trösten versucht. Auch meine Tochter saß mit am Tisch und fing dann auch noch an zu weinen. Sie wollte ihr bisschen Taschengeld, fünf Euro bekommt sie pro Monat und mein Sohn sieben Euro, spenden, damit Mark nicht mehr weinte. Das war ein echt bitterer Tag für mich. Mein Sohn sagte mir voller Panik in den Augen: ›Mama, dann wissen die doch sofort Bescheid, dass wir Hartz IV bekommen! Dann bin ich unten durch!‹

Er ist jetzt in der 5. Klasse im Gymnasium. Die Schule liebt er, und er ist so fleißig. Wenn ich ihm die nötigen Materialien nicht mehr mitgeben kann, weil das Geld fehlt, was dann? Dann wissen doch wirklich alle Bescheid. Dann wird mein Sohn dafür bestraft, dass ich Hartz IV bekomme. Das darf einfach nicht passieren!«

Quelle: Forum kinder-armut.de, 24.11.2008

50 Milliarden zu Weihnachten

In den nordamerikanischen Suppenküchen und Verteilstellen für kostenloses Essen herrscht seit der Krise von 2008 riesiger Andrang. Obwohl viele der Besucher einen Arbeitsplatz haben, verdienen sie nicht genug, um sich neben den hohen Mieten auch noch ausreichend Lebensmittel leisten zu können. 46 Millionen US-Bürger erhalten inzwischen Lebensmittelkarten, das sind mehr als 15 Prozent der Bevölkerung. Allein 17 Millionen Kinder leben – laut einer Studie des Landwirtschaftsministeriums – ohne ausreichende Ernährungssicherheit.

Auf dem Gipfelpunkt des Kreditbooms im Dezember 2006 zahlten allein die fünf größten Wall-Street-Banken ihren Mitarbeitern mal eben mehr als 50 Milliarden Dollar als Weihnachtsbonus aus, fast so viel wie die gesamte weltweit gezahlte Entwicklungshilfe eines Jahres.

Quellen: WOZ – Die Wochenzeitung, 8.9.2011;
Harald Schumann und Christiane Grefe:
Der globale Countdown, Köln 2008

»Seitenwechsel« oder »Ich mache Lobby«

Der Staat gehört allen. Allen Frauen und Männern, allen Mädchen und Jungen. Er gehört denen, die schon immer hier gelebt haben, und denen, die hinzugekommen sind. Er gehört den Christen, den Juden, den Muslimen und den Atheisten. Er gehört denen, die arbeiten, und denen, die arbeitslos sind. Er gehört den Gesunden, den Kranken und den Jungen und Alten. Er gehört denen, die Steuern zahlen, und denen, die zu arm sind, um Steuern zahlen zu können. In Deutschland gibt es 62 Millionen Wahlberechtigte. Sie wählen unsere Abgeordneten. Die Abgeordneten sind die Angestellten des Volkes. Diese werden von uns bezahlt. Sie haben sich vor allem darum zu kümmern, dass Gesetze gemacht werden, die uns nützen. Und dass das Geld, das wir ihnen geben, so verteilt wird, wie wir das wünschen. Der Staat gehört uns allen. Jedenfalls sollte es so sein.

Warum aber fällen dann Abgeordnete, Minister und hohe Beamte immer wieder Entscheidungen, die unseren Interessen zuwiderlaufen, die uns viel Geld kosten, die uns schaden und uns krank machen? Wenn das geschieht, müssen wir fragen, wem diese Entscheidungen nützen. Oft lautet die Antwort: Sie nützen einem mächtigen Unternehmen oder einer noch mächtigeren Gruppe von Unternehmen. Die Interessen eines großen Unternehmens sind nie die Interessen der Bevölkerung. Eine große Bank, ein Baukonzern, eine Versicherungsgruppe, eine Hotelkette oder ein Autohersteller ist aber viel mächtiger als einer unserer Abgeordneter. Zusammen sind sie manchmal mächtiger als eine ganze Regierung. Jeden Tag versuchen große Unternehmen durch ihre Vertreter, die sogenannten Lobbyisten, Einfluss zu nehmen auf die Entscheidungen der Regierung. An jeder Entscheidung gegen die Interessen der Bevölkerung verdienen die Unternehmen viel Geld. Wenn sie 5 Millionen Euro verdienen können, sind sie gerne bereit, auch etwas zu investieren. Manchmal bezahlen sie einen Politiker oder Beamten für dessen Entscheidung, manchmal verhelfen sie ihm zu einem neuen Auto oder zu einer Urlaubsreise. Oder sie versprechen ihm eine Stelle in ihrer Firma, wo er zehnmal so viel verdient wie als Abgeordneter. Einen Politiker, der seine Unabhängigkeit verkauft, nennt man korrupt.

Oft ist Korruption aber gar nicht nötig. Denn viele Abgeordnete, auch solche, von denen wir es nicht vermuten, betreiben sowieso eine unternehmerfreundliche Politik. Die beiden Journalisten Sascha Adamek und Kim Otto berichten in ihrem Buch »Der gekaufte Staat«, wie ausgerechnet die rot-grüne Bundesregierung unter Gerhard Schröder und Joschka Fischer den Konzernen die Türen weit öffnete. Innenminister Otto Schily hatte zusammen mit dem Personalvorstand der Deutschen Bank, Tessen von Heydebreck, unter dem Titel »Seitenwechsel« ein »Personalaustauschprogramm« entwickelt. Die Vertreter großer Unternehmen sollten Schreibtische in den Ministerien erhalten, im Gegenzug sollten Regierungsbeamte eine Zeit lang »die frische Luft der freien Wirtschaft schnuppern«. Die Unternehmer jubilierten – Heiko Stiepelmann, Geschäftsführer beim Hauptverband der Bauindustrie: »Früher waren wir über Anhörungen in die Entscheidungsvorbereitung eingebunden. Das war oft zu spät. Heute sind wir sehr viel früher beteiligt an der Entwicklung von Maßnahmen. Das ist für uns ein wesentlich effizienterer Ansatz.« Was ja nur heißen kann: So können wir unsere Interessen besser durchsetzen, so kommen wir schneller an Aufträge.

Ein anderer Lobbyist, einer ohne Schreibtisch im Ministerium, ist Wolf-Dieter Zumpfort. Er war Landesvorsitzender der FDP in Schleswig-Holstein, er war Bundestagsabgeordneter und von 1987 bis 1988 für seine Partei im Kieler Landtag. Jetzt leitet er das Berliner Büro der TUI AG, des größten europäischen Touristikunternehmens. Gegenüber den beiden Journalisten plauderte er offen über seine Aufgaben:

Ich werde dafür bezahlt, weil ich den politischen Prozess kenne (...) Ich mache Lobby. Und es gibt nur einen Prozess, der da heißt, zur richtigen Zeit den richtigen

Mann am richtigen Ort zu treffen, weil er die Entschei-
dungsbefugnis hat (...) Meine Aufgabe ist es, in Berlin
die Rahmenbedingungen, die politisch gesetzt werden,
so mitzubeeinflussen, dass sie für uns optimal sind.
Oder andersrum gesagt: Unsere Interessen muss ich so
in die Politik einbringen, dass die Politik auch die Ent-
scheidungen trifft, die diesen Interessen gerecht werden.

Quelle: Sascha Adamek und Kim Otto: *Der gekaufte Staat –*
Wie Konzernvertreter in deutschen Ministerien sich ihre
Gesetze selbst schreiben, Köln 2009

Das Geschenk auf Seite 12

Im Dezember 1999 geschah in Berlin etwas scheinbar Alltägliches. Das Finanzministerium der rot-grünen Bundesregierung veröffentlichte eine umfangreiche Presseerklärung, in der versteckt auf Seite 12 folgende unauffällige Formulierung zu lesen war: »Gewinne aus der Veräußerung von Anteilen, die eine Kapitalgesellschaft an einer anderen Kapitalgesellschaft hält, sind nicht steuerpflichtig.« Nichts geschah, niemand schien zu verstehen, was dieser Satz zu bedeuten hatte. Auch als Finanzminister Eichel und Bundeskanzler Schröder ihre Unternehmenssteuer-Reform auf einer Pressekonferenz erläuterten, stellte keiner der anwesenden Journalisten eine Frage zu der Formulierung. Erst als amerikanische Banker ungläubig nachfragten und die FAZ vorrechnete, was der Beschluss der rot-grünen Minister zu bedeuten hatte, rieb man sich in Berlin die Augen: Diese sogenannte Reform würde den Kapitalgesellschaften zusätzliche Einnahmen von ca. 24 Milliarden Euro bescheren. An der Börse wurde gefeiert. Die Kurse von Versicherungen und Banken schnellten nach oben und ließen den Dax an einem Tag um 4,5 Prozent steigen.

Das Geld, das künftig allen Bürgern fehlen würde, hatte man den Großunternehmen ohne Not überlassen. Die Wochenzeitung »Die Zeit« analysierte später den Skandal und überschrieb ihren Text mit dem Titel: »Das größte Geschenk aller Zeiten«.

Michael Naumann war damals unter der Schröder-Regierung Kulturstaatsminister. Kürzlich erinnerte er sich an die Vorgänge aus dem Jahr 1999 und verriet ein blamables Geheimnis. Denn offenbar hatten nicht nur die Wirtschaftsjournalisten nicht begriffen, welche immensen Folgen das neue Gesetz für den Staatshaushalt haben würde, auch im Kabinett war man ahnungslos. Erst als die FAZ ihre Meldung brachte, wachte man auf:

Ein erstaunter Minister fragte Hans Eichel mit keineswegs gespielter Überraschung, ob das denn stimme. Das Reformgesetz hatte das Kabinett vor kurzem ohne Widerspruch passiert, und jetzt dies (...) Eine ›linke‹ Regierung subventionierte also das deutsche Großkapital.

Einer der Architekten des neuen Gesetzes war übrigens Heribert Zitzelsberger, damals Staatssekretär im Finanzministerium, zuvor Leiter der Steuerabteilung beim Chemiekonzern Bayer AG.

Quellen: Die Zeit, 8.9.2005;
Frankfurter Allgemeine Sonntagszeitung, 28.8.2011

Wer wen kontrolliert

CDU und CSU, weil auch sie auf die Stimmen der Wähler angewiesen sind, behaupten gerne und oft, Volksparteien zu sein. In Wahrheit sind sie finanziell und
personell aufs engste mit den Banken und Großunternehmen verflochten. Man könnte auch sagen, sie werden von ihnen bezahlt. Keine andere Partei erhält so
viele große Spenden (gemeint sind Einzelbeträge ab
50.000 Euro) wie CDU und CSU. Allein vom Januar
2002 bis zum Juli 2011 kamen so 23 Millionen Euro
zusammen. Zum Vergleich: Die SPD kam im selben
Zeitraum auf etwa 4 Millionen, die Partei »Die Linke«
gerade mal auf 175.000 Euro aus Großspenden. Regelmäßig fließen riesige Beträge von der Allianz, von BMW,
von Daimler, von der Commerzbank, der Deutschen
Bank und von Unternehmerverbänden in die Kassen
der christlichen Volksparteien. Dass deren Politiker wenig geneigt sind, etwas zu tun, was den Interessen der
großzügigen Spender zuwiderläuft, versteht sich von
selbst. Dass Politiker die Erfüllungsgehilfen der Wirtschaft zu sein haben, hat kaum jemand deutlicher formuliert als Hans Tietmeyer, der ehemalige Präsident

der Deutschen Bundesbank. Es war der ehemalige Arbeitsminister Norbert Blüm, der dieses Zitat öffentlich machte:

Die Geldmärkte werden zunehmend die Rolle von Polizisten spielen. Die Politiker müssen begreifen, dass sie in Zukunft der Kontrolle der Finanzmärkte und nicht nur den nationalen Debatten unterworfen sind.

Quelle: Norbert Blüm: *Meine liebe CDU, jetzt bräuchtest du Mut,*
Frankfurter Allgemeine Zeitung, 7.9.2011

Die Schmerzen eines »Herz-Jesu-Sozialisten«

Um den Eindruck entstehen zu lassen, man handele »für alle Bürger«, hat man sich in der CDU schon früh etwas einfallen lassen. Man hält sich dort nämlich die CDA – die »Christlich-Demokratische Arbeitnehmerschaft«, auch unter dem Namen CDU-Sozialausschüsse bekannt. Einer ihrer langjährigen Vorsitzenden war Norbert Blüm. Blüm wurde oft als »Herz-Jesu-Sozialist« bespöttelt. Er hat sich eine Zeitlang als Kabarettist versucht, ist Träger des »Ordens wider den tierischen Ernst«, des »Münchhausen Preises« und wurde zum »Närrischen Steckenpferd« der Prinzengarde Krefeld gewählt. Unter anderem hat er bei Joseph Ratzinger, dem heutigen Papst Benedikt, studiert. Blüm ist seit 1950 Mitglied der CDU und war der einzige Minister, der allen Kabinetten unter der Kanzlerschaft von Helmut Kohl angehörte. In der FAZ hat Norbert Blüm kürzlich auf ungewöhnlich furiose Weise mit der Politik seiner Partei abgerechnet:

Später auf dem Leipziger Parteitag 2003 war ich einer von fünf verlorenen Delegierten, die sich dem neolibe-

ralen Tsunami entgegenstellten. Der Siegesrausch der siebenhundert Parteimitglieder kannte keine Grenzen. Ich kam mir vor wie ein Leprakranker im alten Indien.

Die Trinität, die in der neoliberalen Wirtschaftsreligion verehrt wird, heißt: Kostensenkung, Privatisierung, Deregulierung. Den Götterdienst um diese drei hat die CDU mitgefeiert.

Standortwettbewerb ist das Synonym für die Abdankung des Staates. Der ideale Standort für das Türschild des Konzerns ist eine Steueroase, für die Produktionsstätten ein Niedriglohnland. (...) Die Staaten müssen nach der Pfeife der Börse tanzen, wenn sie dabei sein wollen. Und die Staatsoberen spendeten Beifall zu ihrer Entmachtung.

Quelle: Norbert Blüm: *Meine liebe CDU, jetzt bräuchtest du Mut,*
Frankfurter Allgemeine Zeitung, 7.9.2011

Ein Staatsfeind

Grover Norquist ist einer der einflussreichsten Vertreter der ultrakonservativen Tea-Party-Bewegung in den USA. Er hat fast allen republikanischen Abgeordneten das Gelöbnis abgenommen, niemals einer Steuererhöhung zuzustimmen, was als einer der Gründe für die amerikanische Haushaltskrise des Jahres 2011 gilt.

Ich will den Staat nicht abschaffen. Ich will ihn bloß auf eine Größe reduzieren, die es mir erlaubt, ihn ins Badezimmer zu zerren und in der Wanne zu ertränken.

Quelle: Grover Norquist auf National Public Radio, 25.5.2001

Geschlossene Gesellschaft

»Alle Menschen sind vor dem Gesetz gleich«, heißt es im deutschen Grundgesetz. »Niemand darf wegen seines Geschlechtes, seiner Abstammung, seiner Rasse, seiner Sprache, seiner Heimat und Herkunft, seines Glaubens, seiner religiösen oder politischen Anschauungen benachteiligt oder bevorzugt werden.«

Das Grundgesetz wird von der deutschen Wirklichkeit täglich gebrochen. An den PISA-Studien, welche die Schulleistungen in 65 Ländern vergleichen, kann man das deutlich ablesen. Das Ergebnis ist erschreckend: In keinem anderen Land bestimmt die soziale Herkunft der Schüler so stark das Niveau ihrer Leistungen wie in Deutschland. Wer aus einer sozial schwachen Familie kommt, hat viel schlechtere Chancen als das Kind aus einer wohlhabenden Familie. Einwandererkinder, deren Eltern nicht aus Deutschland stammen, schneiden deutlich schlechter ab als ihre Mitschüler. Und nicht nur das: Schulen, die in ärmeren Stadtvierteln stehen, sind viel schlechter ausgestattet als jene in den besseren Gegenden. Von Gleichheit keine Spur. Wer schlecht ausgebildet ist, bekommt keinen Arbeitsplatz.

Kinder aus armen Familien sind die geborenen Verlie-
rer. Aber auch wer klug und fleißig ist, schafft es nur
selten nach oben. Die Behauptung »jeder ist, was er
kann« ist ein Märchen.

Zum Manager wird man geboren. Vier von fünf Mana-
gern der hundert größten Unternehmen stammen aus
den oberen 3 Prozent der Bevölkerung, dem Großbür-
gertum. Nur ein Chef aus den Dax-30-Unternehmen ist
ein Arbeiterkind. Bei den meisten anderen Vorstands-
chefs waren die Eltern Unternehmer, Manager, hohe
Beamte oder Adel. Man kennt sich. Das ist eine wirk-
lich geschlossene Gesellschaft.

Quelle: Der Soziologe und Elitenforscher Michael Hartmann
im Gespräch mit Arno Luik, Stern, 21.10.2007

Nicht in einem Boot

Die Unternehmer behaupten gerne, je besser es ihnen gehe, desto besser gehe es auch den Beschäftigten. Das ist Unfug. Denn zwischen den Interessen der Unternehmer und den Interessen der Beschäftigten herrscht ein grundsätzlicher Widerspruch. Was dem einen nützt, schadet dem anderen. Geht es dem einen besser, so geht es dem anderen schlechter. Ziel der Unternehmer ist es, einen möglichst hohen Gewinn zu erzielen. Das heißt, sie sind an möglichst niedrigen Kosten interessiert. Löhne und Gehälter sind für sie ein »Kostenfaktor«. Die Unternehmer wollen, dass ihre Beschäftigten für möglichst wenig Geld möglichst viel arbeiten. Sie wollen niedrige Löhne und Gehälter, lange Arbeitszeiten, weniger Urlaubstage und niedrige Sozialbeiträge. Die Beschäftigten wollen von alldem das Gegenteil. Die Beschäftigten wollen sichere Arbeitsplätze. Die Unternehmer wollen einstellen und entlassen – je nach Bedarf.

Jeder Unternehmer – egal wie sozial eingestellt er sein mag – hat Interessen, die denen der Beschäftigten widersprechen. Es geht also nicht um gute oder schlechte Menschen.

Um ihre Interessen durchzusetzen, haben die Beschäftigten nur eine Möglichkeit: Sie müssen sich zusammenschließen und gemeinsam handeln. Sie müssen Jugendvertreter, Vertrauensleute und Betriebsräte wählen. Sie müssen sich gewerkschaftlich organisieren. Wenn sie anders ihre Forderungen nicht durchsetzen können, müssen sie streiken.

Zuerst kommt die Arbeit, und sie ist unabhängig vom Kapital. Das Kapital ist nur die Frucht der Arbeit und könnte nicht ohne sie existieren. Die Arbeit ist dem Kapital überlegen.

Quelle: Abraham Lincoln, Präsident der Vereinigten Staaten von Amerika: *Annual Message to Congress*, 3.12.1861

Adel gewinnt

»Ah! ça ira, ça ira, ça ira, les aristocrates à la lanterne!«, sangen die Anhänger der Französischen Revolution: »Ah, wir werden es schaffen, die Adeligen an die Laterne!« Ein Lied, das noch Edith Piaf sang und mit ihr viele Franzosen bis heute gerne singen. Der Radikalismus dieser Zeilen hat den braven deutschen Untertan schaudern lassen. Und so wird noch immer gerne unterschieden zwischen den guten, gemäßigten Vertretern der Revolution und den bösen Radikalen. Aber ohne die Macht des Adels vollständig zu brechen, der jahrhundertelang so viel Hunger, Elend und Tod über Europa gebracht hatte, hätte die neue Klasse, das Bürgertum, nicht die Schaltstellen der Gesellschaft übernehmen können. Die Forderung nach Freiheit, Gleichheit, Brüderlichkeit war der Startschuss für alle folgenden Demokratien, so unzureichend sie sein mögen. – Ohne Robbespierre kein François Hollande, aber auch kein Helmut Kohl und keine Angela Merkel.

So bleibt es eines der Geheimnisse der Volksseele, warum unsere Fernsehanstalten immer dann die höchsten Einschaltquoten messen, wenn sie die Hochzeit eines Prinzen übertragen oder den Unfalltod einer Prinzessin betrauern. Auch wenn sein Einfluss geschmolzen ist, noch immer stellt der Adel einen großen Teil des politischen und wirtschaftlichen Führungspersonals.

Wenn ich mich um einen Job bewerbe und auf der Liste stehen Meyer, Müller, Schmidt und von Bismarck, bin ich ziemlich sicher, dass ich den Job bekomme.

Quelle: Gottfried Graf Bismarck, zitiert nach
Frankfurter Allgemeine Sonntagszeitung, 9.7.2007

Wenn du denkst, du denkst, dann denkst du nur, du denkst

Wer glaubt, er bilde sich seine eigene Meinung, ist meist im Irrtum. Meinungen werden gemacht. Mächtige Medien können mächtige Meinungen machen. Das, was »öffentliche Meinung« genannt wird, ist oft durch die veröffentlichte Meinung großer Medien entstanden. So gelingt es dem Fernsehen, der »Bild«-Zeitung, den Mode-Zeitschriften, der Werbung und den Betreibern großer Internet-Seiten, ein Bild der Welt zu entwerfen, das wir oft für wirklich halten, das aber mit der Wirklichkeit kaum noch etwas zu tun hat.

Unsere Gedanken entstehen nur selten in unseren Köpfen. Das meiste, was wir denken, haben andere für uns gedacht. Es ist uns von außen nahegebracht worden, so nahe, dass wir es für unsere eigenen Gedanken halten. Wir denken, wir würden etwas brauchen, weil es unserem Bedürfnis entspricht. Aber oft entspricht es nur dem Bedürfnis des Verkäufers, uns etwas zu verkaufen. Wir sollen sein Bedürfnis für das unsere halten.

Bedürfnisse zu wecken ist daher das oberste Ziel aller Werbemaßnahmen, heißt es im Lexikon Marketing.

Die Nielsen Company hat 38.000 Mitarbeiter in über einhundert Niederlassungen weltweit. Die Firma versorgt die Werbung treibenden Unternehmen mit Daten über die Mediennutzung und das Kaufverhalten von Konsumenten. Die Firma hilft, Menschen zu Konsumenten zu machen, sie hilft, Bedürfnisse zu wecken, die wir nicht haben. Die Wissenschaft spricht hier von »falschen Bedürfnissen«. Wir sollen Dinge kaufen, die wir nicht brauchen. Allein im Jahr 2011, so berichtet die Nielsen Company, betrugen die Werbeausgaben weltweit 489 Milliarden Dollar. Das ist vier Mal so viel Geld, wie die OECD-Staaten jährlich für Entwicklungshilfe ausgeben. Das heißt: Würde das Geld, das für unproduktive Werbung aufgewandt wird, in die Entwicklungshilfe gesteckt, könnten vier Mal so viele Menschen vor Hunger und Armut bewahrt werden. Werbung macht dumm, Werbung macht arm, Werbung tötet.

Der Philosoph Jean-Jacques Rousseau wusste, dass falsche Bedürfnisse uns abhängig machen. Er hätte gesagt: Sie sind das Joch, das uns zu Sklaven macht. Deshalb stellte er die Frage:

Welches Joch aber könnte man Menschen auferlegen, die nichts brauchen?

Und in Georg Büchners Theaterstück »Leonce und Lena«
gibt es diesen schönen Satz:

*Und ich werde Staatsminister und es wird ein Dekret
erlassen, daß, wer sich Schwielen in die Hände schafft,
unter Kuratel gestellt wird; daß, wer sich krank arbeitet, kriminalistisch strafbar ist; daß jeder, der sich
rühmt, sein Brot im Schweiße seines Angesichts zu essen, für verrückt und der menschlichen Gesellschaft gefährlich erklärt wird; und dann legen wir uns in den
Schatten und bitten Gott um Makkaroni, Melonen und
Feigen, um musikalische Kehlen, klassische Leiber und
eine commode Religion!*

Quelle: nielsen.com; *Lexikon Marketing* auf steuerlinks.de

Nebelmaschinen und Kopflanger

»Zum Regieren brauch' ich nur Bild, BamS und Glotze«, soll Bundeskanzler Gerhard Schröder einmal gesagt haben. Deutlicher kann man seine Verachtung für die Presse- und Meinungsfreiheit kaum ausdrücken. Es geht dem Politiker also nicht um eine »freie geistige Auseinandersetzung«, die dann zu einer demokratischen Willensbildung führt, wie es das Bundesverfassungsgericht fordert. Es geht darum, den Mainstream der Wähler zu lenken. Es geht um Verdummung.

Dafür stellt sich der Großteil der Medien nur allzu gerne zur Verfügung. Statt ihre Wächterfunktion gegenüber den Reichen und Mächtigen auszuüben, betätigen sie sich als Nebelmaschinen. Die Programme unserer Fernsehsender sind randvoll mit Casting-Shows, rührseligen Soaps und knalldoofer Comedy. Die Zeitschriften berichten lieber über Mode, Stars und schnelle Autos als über Hunger, Armut und soziale Kämpfe. Die Welt der Reichen wird verklärt; die Welt der Armen kommt kaum vor – und wenn, dann werden uns tränenreiche Einzelschicksale erzählt oder dient das Elend zur Unterhaltung und die Ärmsten der Gesellschaft werden als

Versager verspottet. Selbst in den öffentlich-rechtlichen Sendern, die wir durch unsere Gebühren finanzieren, nimmt der seriöse Informationsjournalismus immer mehr ab, stattdessen wird zunehmend Infotainment serviert. Hauptsache, die Einschaltquote stimmt. Wenn die Quote gut ist, bleibt auch die dümmste Sendung im Programm. Ist die Quote schlecht, wird auch die beste Sendung gekippt.

Hinzu kommt, dass immer weniger große Medienkonzerne den Markt unter sich aufteilen. Die Unabhängigkeit der Medien ist nur noch eine scheinbare. Dem Springer Verlag gehören fast zweihundert Zeitungen und Zeitschriften. Die Bertelsmann AG ist einer der größten Medienkonzerne der Welt. Ihr gehören Gruner+Jahr (»Stern«, »Brigitte«, »Gala«, »Auto Motor und Sport« und dreihundert weitere Titel), die Verlagsgruppe Random House (fast 50 Verlage) und die RTL-Group, die in Europa 45 Fernsehsender und 32 Radiostationen betreibt.

In vielen Gebieten Deutschlands gibt es inzwischen nur noch eine Tageszeitung, die dann das Monopol über die lokale Berichterstattung hat. Gibt es in einer Region zwei Zeitungen, gehören sie oft demselben Verlag – ihre Konkurrenz ist also eine Scheinkonkurrenz.

Fast alle diese Medien leben von den Zuwendungen ihrer Werbekunden. Eine Tageszeitung, die eine ganzseitige Anzeige von H&M erhält, wird sich schwer damit tun, kritisch über die Arbeitsbedingungen bei dem

Modekaufhaus zu berichten. So ist der redaktionelle Teil häufig nichts anderes als das Rahmenprogramm für die Werbung. Und oft lassen sich Werbung und redaktionelle Beiträge kaum noch unterscheiden. In Artikeln oder scheinbaren Testberichten wird unverhohlen für neue Produkte geworben. Und wenn in einer Fernsehserie immer wieder derselbe teure BMW durchs Bild fährt, darf man davon ausgehen, dass dafür Geld geflossen ist.

Die allermeisten Redakteure und Journalisten spielen dieses Spiel mit. Ihr Auftrag als Wächter ist ihnen egal. Die Meinungsfreiheit ist für sie die Freiheit der großen Werbekunden.

Der Schriftsteller Bertolt Brecht nannte solche Journalisten »Kopflanger« der Mächtigen.

Wir haben eine Meinungsfreiheit, die meistens für Dinge in Anspruch genommen wird, für die man keine Meinungsfreiheit braucht.

Quelle: Roger Willemsen: Video auf zeit.de, 21.4.2010

Schule oder Leben. Eine Rede

Wenn eine Redewendung sich lange im Volksmund hält, darf man vermuten, dass ihr Wahrheitsgehalt ziemlich groß ist. Die Redewendung »Nicht für die Schule, für das Leben lernen wir« hat sich lange gehalten. Sie stammt von dem römischen Philosophen Seneca, ist zweitausend Jahre alt, hört sich sehr gut an und ist natürlich völliger Unfug. Denn wenn sie stimmen würde, hieße das ja, dass man, solange man in die Schule geht, nicht lebt, oder zumindest, dass die Schule etwas ist, das nicht zum Leben gehört. Dass man also erst, wenn man die Schule beendet hat – und jetzt kommt wieder so ein zweifelhafter, aber haltbarer Spruch –, den »Schritt ins Leben« macht. Nun wird aber jeder, der mit dieser Einrichtung zu tun hat, bestätigen, dass es kaum einen Ort gibt, wo mehr, wo intensiver gelitten, gelacht, geweint, gedacht und mithin gelebt wird, als die Schule. Alles, was draußen vorkommt, kommt auch hier drinnen vor. Jede Mode, jede Abseitigkeit, jede Erkenntnis und jedes denkbare Gefühl findet über kurz oder lang Eingang in die Klassenzimmer und auf den Schulhof. Kein Schüler, kein Lehrer, egal wie schüchtern und verträumt, wie offensiv und lebenslustig er sein mag, kann sich dem entziehen. Wann denn sonst würde man leben, wenn nicht in der Schulzeit, wo der Verstand und die Gefühle noch frisch sind und die Neugier so groß wie später nie wieder. Hier passiert alles, und vieles zum ersten Mal. Und dieses erste Mal, egal was es auch sein mag, ist manchmal eine Gnade und oft genug ein Schock. Später hat man alles schon mal erlebt, man stumpft ab, bestenfalls wird man ruhiger und, wie man sich gerne einzureden versucht, auch reifer. Auf jeden Fall ist man später das, was man »berufstätig« nennt – und schon dieses Wort gibt das ganze Elend des Zustands wieder.

Ich erinnere mich noch gut an meinen allerersten regulären Schultag und was ich an diesem einen Tag alles gelernt habe. Auf dem Schulhof drohte mir ein braunhäutiger Zirkusjunge mit seinem Schnappmesser. Die Lehrerin schlug mir mit dem Lineal auf die böse, linke Hand. In der Klasse gab es ein spindeldürres Mädchen namens Karin, das mir gut gefiel. Und der Hausmeister schenkte meinem Freund und mir jedem ein Päckchen Prickelpitt. Ich hatte also gelernt, dass Zirkusjungen wirklich manchmal Schnappmesser haben, dass man mit links weder schreiben noch malen darf, dass es freundliche Hausmeister gibt und dass Mädchen gar nicht so übel sind, wie ich bis dahin gedacht hatte. Die Lehrerin übrigens erlitt ein halbes Jahr später einen Schlaganfall. Und als ich sie danach das erste Mal in ihrem Rollstuhl auf der Straße sah, lernte ich noch, dass ich nicht mit allen Kranken Mitleid haben kann.

Vielleicht war kein anderer Schultag in meinem endlos langen Schülerleben so folgenreich wie dieser erste – und das liegt wohl auch daran, dass es eben der erste war. Aber die gemischten Gefühle, mit denen ich an diesem Tag nach Hause kam, haben sich dreizehn Jahre lang gehalten, und sie bestimmen bis heute die Erinnerung an meine Schulzeit.

Manchmal denke ich, dass es wirklich und wahrhaftig die schönste Zeit meines Lebens war. Es ist schön, wenn man mit heißem Herzen die Welt entdeckt, es ist schön, wenn man dauernd mit seinen Freunden zusammen sein und mit ihnen gemeinsam über die Lehrer schimpfen und lachen kann. Und natürlich ist die Schule auch deshalb schön, weil man dauernd verliebt ist. Selbst wenn man, wie es sich in diesem Alter gehört, die meiste Zeit unglücklich verliebt ist und immer glaubt, sterben zu müssen, wenn einen die Angebetete mal wieder zwei Stunden lang keines Blickes gewürdigt hat, selbst dann ist es doch ein schönes, neues, ein aufregendes Gefühl. Das ist das eine.

Das andere ist, dass ich noch heute manchmal morgens schweißgebadet aus einem Alptraum aufwache und noch immer Angst habe vor diesem fiesen Mathelehrer, der, bevor er an unseren Tisch kam, genüsslich mit der Zunge schnalzte und sagte: »Na, da wollen wir mal wieder die Nietenecke durchstreifen.« Bloß froh bin ich, dass das alles vorbei ist, dass ich nie wieder mit Magenschmerzen eine Klassenarbeit schreiben, dass ich mich nie wieder diesen dauernden Prüfungen unterziehen und dass ich mich nie wieder unter dem mitleidigen Grinsen eines Sportlehrers über den Bock oder den Barren quälen muss.

Dabei hatte ich im Großen und Ganzen riesiges Glück. Ich glaube wirklich, dass ich die besten Schulen der Welt mit den besten Lehrern der Welt besucht habe. Dabei handelte es sich nicht etwa um Eliteschulen mit Elitelehrern, sondern so ziemlich um das genaue Gegenteil davon. Ich hatte nämlich das Glück, eine der ersten integrierten Gesamtschulen und eine der ersten reformierten Oberstufen besuchen zu dürfen.

Ich weiß, dass, wenn ich jetzt von der Stimmung erzähle, die damals an den Schulen geherrscht hat, sich das ein bisschen so anhört, als würde Opa von Stalingrad erzählen.

Ich weiß ebenfalls, dass diese Schulform später immer stärker in die Kritik geraten ist, aber sicher ist, dass ich, als Kind sogenannter kleiner Leute, nicht den Hauch einer Chance gehabt hätte ohne die damalige Bildungsreform und ohne die unvergleichliche Aufbruchstimmung, die mit ihr einherging. Denn es wurden nicht nur neue Inhalte in die Lehrpläne geschrieben, es wurde auch nach neuen Methoden des Lehrens und Lernens gesucht. Über all das wurde mit einer Leidenschaft diskutiert, die heute nur noch schwer vorstellbar ist. Und weil uns, als dreizehn-, vierzehnjährige Schüler, das alles etwas anging, wurde die Schul- und Bildungspolitik zum Thema des Unterrichts. Wir saßen in der Aula und verfolgten vor dem Fernseher die Debatten, die das Kultusministerium mit Pädagogen, Philosophen und Soziologen veranstaltete. Dann gingen wir in die Klassenräume und stritten weiter über das eben Gehörte. So ging das über Wochen und Monate, und auch wenn dabei der sogenannte Stoff für einige Zeit ins Hintertreffen geriet, lernten wir doch unendlich viel mehr, als wenn wir weiterhin stur die Unterschiede zwischen Stein- und Bronzezeit gebüffelt hätten. Wir begriffen zum ersten Mal nicht nur, dass wir eigene Interessen haben, sondern dass wir sie auch haben dürfen. Wir lernten, diese Interessen zu formulieren und nötigenfalls sogar gegen die Schulbürokratie durchzusetzen. Vielleicht war vieles von dem, was wir damals gedacht, gesagt und gefordert haben, falsch. Mag sein. Aber das alles war auch gar nicht so wichtig. Wie ich überhaupt glaube, dass der Streit um Schulformen, um Didaktiken, um Lehrpläne nicht ganz so wichtig ist, wie gemeinhin getan wird. Entscheidend war vielmehr, dass wir Lehrer hatten, die mit unglaublicher Begeisterung bei der Sache waren, denen nichts so viel Spaß zu machen schien, wie uns zum Lernen, zum Mitmachen, zum Widerspruch, vor allem aber zur Neugier anzustacheln. Dabei war es fast egal, welcher politischen oder pädagogischen Richtung die Lehrer angehörten, entscheidend war nur, ob sie uns glaubhaft machen konnten, dass das, was sie uns vermitteln wollten, sie auch selbst interessierte. Denn wenn das der Fall war, war alles ganz einfach, dann sprang der Funke über. Auch wenn ich, nur mal als Beispiel, die meisten Texte, die wir damals im Deutschunterricht gelesen haben, heute nicht mehr sonderlich mag, so hat mir dieser Unterricht doch eine ganze Welt eröffnet. Er hat mich süchtig gemacht nach Literatur, weil ich Lehrer hatte, die selbst süchtig nach Literatur waren.

So hat mich die Schule mit der Befürchtung entlassen, dass ich nicht alles wissen kann, und mit dem Gefühl, dass ich alles wissen muss. Ich finde, das ist das beste Zeugnis, das ich meinen Lehrern ausstellen kann.

Und ich kann das populistische Gerede, das alle paar Jahre mal wieder Konjunktur hat, das Gerede von den faulen Lehrern, langsam nicht mehr hören. Ich weiß, es gibt sie. Und sie sollen verflucht sein. Aber es gibt ebenso viele faule Polizisten, Bankangestellte, Bürgermeister, Manager und Ministerialbeamte. Und übrigens auch Schriftsteller.

In den letzten Jahren haben auch die Unternehmerverbände ihre Liebe zu den deutschen Schulen entdeckt. Woche für Woche hört man neue Forderungen, was alles sich in den Schulen ändern muss, damit die Unternehmen hinterher brauchbare Arbeitskräfte zur Verfügung haben. Es ist ja auch gar nichts dagegen zu sagen, dass ein Teil der in der Schule vermittelten Fertigkeiten später beruflich eingesetzt werden kann. Nur darf die Schule nicht die betriebliche Ausbildung ersetzen, und schon gar nicht darf sie zum Zulieferbetrieb der Industrie werden. Natürlich sollen unsere Kinder begreifen, wie unsere Wirtschaft funktioniert. Das heißt aber auch, dass sie, zum Beispiel, lernen müssen, auf wessen Kosten wir in weniger als fünfzig Jahren eines der reichsten Länder der Welt geworden sind. Sie müssen in die Lage versetzt werden zu fragen, ob unsere Art zu wirtschaften die einzig richtige ist oder ob es nicht auch andere Möglichkeiten gibt. Und aus all diesen Gründen bin ich doch sehr dafür, die Schüler vor den Begehrlichkeiten der Interessenverbände der deutschen Wirtschaft in Schutz zu nehmen.

Auch nicht mehr hören mag ich das Argument, man müsse nur jedem Schüler einen Computer an seinen Platz stellen, dann werde unser Bildungswesen eine neue Blüte erleben. Es stimmt ja, man darf keine Angst vor den neuen Technologien haben, aber man sollte sich auch nicht vor ihnen in den Staub werfen. Computer sind ein komfortables Werkzeug – nicht mehr, nicht weniger. Ein Werkzeug, das man benutzt, wenn man es braucht, und das man zur Seite schiebt, wenn man es nicht mehr braucht. Aber wenn die Bundesbildungsministerin mit zukunftsfrohem Vibrato in der Stimme verkündet, dass bald alle deutschen Schulen am Netz hängen werden, dann hört sich das, finde ich, fast wie eine nicht ganz ernstzunehmende Drohung an. Denn das Internet, was für ein Totschlag- und Zauberwort, beschreibt ja nichts anderes als die Welt selbst. Hier wie dort stößt man zu 98 Prozent auf flimmernde Hirnlosigkeiten. Hier wie dort kommt es darauf an, sich zurechtzufinden, das Gute vom Schlechten, das Gemeine vom Erhabenen, das Schöne vom Hässlichen, die Qualität vom Schund zu unterscheiden. Die technischen Fertigkeiten, die man besitzen muss, um einen Computer zu bedienen, die lernt man spielend, nebenbei und fast von selbst. Was man aber nicht von selbst lernt, ist: Moral. Ohne Moral wird man jedoch immer nur den herrschenden Wolfsgesetzen folgen, man wird niemals brauchbare Kriterien entwickeln können, um sich in einer zivilisierten, in einer kultivierten Gesellschaft für das eine oder das andere entscheiden zu können. Ohne Moral reduziert sich alles auf einen einzigen, wirklich ärmlichen Wert, nämlich auf das Geld. Gut, mag man einwenden, aber unter Moral versteht jeder etwas anderes, das ist viel zu kompliziert, um darüber reden zu können. Nein, das glaube ich nicht. Ich glaube, es ist ganz einfach, ein paar moralische Grundsätze festzulegen, die jedes Kind lernen sollte. Zum Beispiel sollte es lernen, nicht zu lügen. Es sollte lernen, dass es nur so viel Respekt erwarten kann, wie es bereit ist, den anderen entgegenzubringen. Es sollte lernen, dass man jemanden, der auf dem Boden liegt, nicht tritt, sondern ihm auf die Beine hilft. Es sollte lernen abzugeben. Es sollte lernen, auf das Fremde mit Neugier, nicht mit Abwehr zu reagieren.

Ich bin mir nicht sicher, ob meine Tochter als Neutrum geboren wurde, ob als guter Mensch oder doch eher als ein kleines Monster. Ich weiß nur, wie schwer, wie schmerzlich es für sie ist, zu verstehen, dass sie nicht der Mittelpunkt der Welt ist, jedenfalls nicht immer. Aber sie wird es verstehen müssen, und genau da beginnt eine moralische Erziehung.

Jedenfalls sehe ich nicht ein, welchen Wert ein Fachwissen haben soll, das nicht auf einer stabilen ethischen Grundlage fußt. Und, offen gesagt, letzten Endes ist mir sogar ein einfältiger, aber gutmütiger Mensch lieber als ein gerissener Schuft. Noch lieber ist mir freilich eine, wie wir das einmal nannten, allseitig entwickelte Persönlichkeit, ein Mensch, der durch glückliche Umstände befähigt wurde, all seine Anlagen auszubilden.

Noch mal zur Moral: Wie eigentlich, frage ich mich, soll ein Lehrer seinen Schülern klarmachen, dass man sein Butterbrotpapier gefälligst in den Papierkorb zu werfen hat, wenn die gleichen Schüler jeden Tag in den Nachrichten hören, dass die Parteien sich aus schwarzen Kassen bedienen, dass Ministerpräsidenten lügen und die Manager sich gegenseitig millionenschwere Abfindungen zuschieben. Ich meine diese Frage weder rhetorisch noch polemisch. Ich frage mich wirklich, wie ein Lehrer es schafft, das zu erklären. Aber genau das ist seine, ist unsere Aufgabe. Wir alle, ob als Eltern oder Lehrer, müssen unseren Kindern klarmachen, dass man auch – nein, dass man *gerade* dann –, wenn das Land von Schurken regiert wird, sich selbst noch lange nicht wie ein Schurke benehmen darf. Dass man sich, im Gegenteil, widerständig zeigen muss, dass man sich weder seine Grundsätze noch das eigenständige Denken nehmen lassen darf.

Natürlich hat Seneca seinen Satz »Nicht für die Schule, für das Leben lernen wir« anders gemeint, als ich ihn am Anfang meiner kleinen Rede wahrhaben wollte. Er meinte, dass es nicht immer nur darauf ankommt, gute Noten zu schreiben. Er meinte, dass das Lob der Lehrer, Eltern und Vorgesetzten nicht alles ist, was ein Schüler anstreben sollte. Dass es möglicherweise wichtiger sein kann, auch in turbulenten, auch in harten und unübersichtlichen Zeiten bei Verstand und anständig zu bleiben. Wenn wir das begriffen hätten, dann freilich hätten wir wirklich etwas fürs Leben gelernt. Für das Leben außerhalb der Schule und für das Leben innerhalb der Schule.

Rede, gehalten vom Autor anlässlich des 25-jährigen Jubiläums der Otto-Hahn-Schule, Frankfurt

Lebende Puppen

Frage: Warum wollen Männer lieber eine gutaussehende als eine kluge Frau?

Antwort: Weil Männer besser gucken als denken können.

Eine Zeit lang sah es so aus, als würden viele Mädchen und Frauen sich etwas weniger darum scheren, was Jungen und Männer wollen. Die Frauenbewegung der siebziger Jahre hatte ein neues Selbstbewusstsein entstehen lassen. Die Mädchen und Frauen beharrten darauf, ihren eigenen Willen zu haben, und kämpften darum – oft gegen die dummen Sprüche und den erbitterten Widerstand der Männer –, ihre Rechte nicht nur vor dem Gesetz, sondern auch in der Wirklichkeit durchzusetzen. »No longer a praline!« – Diesen Spruch konnte man damals auf manchen Schulwänden lesen.

Vieles wurde erreicht, manches blieb beim Alten, und einiges hat sich seitdem schon wieder verschlechtert. Noch immer müssen Frauen Angst haben, nachts allein durch eine dunkle Straße zu gehen, noch immer bekommen sie für die gleiche Arbeit nicht den gleichen Lohn, und schon wieder werden sie allerorten zu Sexualobjekten erniedrigt.

Jede sechste Frau in Deutschland ist in ihrem Leben mindestens einmal Opfer eines sexuellen Übergriffs geworden. Jedes Jahr werden bis zu 50.000 Straftaten gegen die sexuelle Selbstbestimmung angezeigt, die Dunkelziffer liegt um ein Vielfaches höher. Das Justizministerium der USA teilt mit, dass 91 Prozent aller Vergewaltigungsopfer Frauen oder Mädchen sind. Begangen werden die Vergewaltigungen in 99 Prozent der Fälle von Männern.

Obwohl es in Deutschland ein allgemeines Gleichbehandlungsgesetz gibt, das es verbietet, Frauen schlechter zu bezahlen, liegt der durchschnittliche Bruttostundenverdienst von Frauen noch immer um 23 Prozent niedriger als der von Männern.

Eine Studie der Humboldt-Universität hat herausgefunden, dass jedes fünfte Mädchen sich gelegentlich wünscht, ein Junge zu sein. Dagegen hat nur einer von 150 befragten Jungen geäußert, er wäre manchmal gerne ein Mädchen.

Als in Köln zweitausend junge Frauen für das Casting der neuen Staffel von »Germany's Next Topmodel« Schlange standen, spottete Stefan Raab, die ganze Straße stehe »voller aufgetakelter Schlampen«. War das frauenfeindlich? Oder hat der Moderator damit nicht vielmehr die Frauenfeindlichkeit einer Sendung entlarvt, wo die leicht bekleideten »Mädchen« in High Heels

und Miniröcken zu Objekten einer öffentlichen Fleisch-
beschau gemacht werden und darauf hoffen, von ihrem
Honorar die erste Schönheitsoperation bezahlen zu können?

»Living dolls – Warum junge Frauen heute lieber schön
als schlau sein wollen« heißt das neue Buch der Femi-
nistin Natasha Walter, die von einer Umfrage unter
weiblichen Jugendlichen berichtet, von denen die Hälfte
ein Leben als Glamour-Model erstrebenswert findet.

Einen Artikel über den neuen Sexismus im Fernsehen überschrieb die »Frankfurter Allgemeine Sonntagszeitung« treffend mit den Worten:

Frauenquälen für die ganze Familie.

Quellen: Der Tagesspiegel, 2.11.2010;
Frankfurter Allgemeine Sonntagszeitung, 8.2.2010

Dumm und haltbar

Der Antisemitismus, die Feindschaft gegenüber den Juden, ist eine der am weitesten verbreiteten Dummhei-
ten. Und eine der gefährlichsten. Er findet sich bei
Rechten wie bei Linken, bei Liberalen und Sozialdemokraten, bei Muslimen und Christen. Vorbehalte gegen
Juden gibt es auch bei Menschen, die es weit von sich
weisen würden, Antisemiten zu sein. Oft versteckt sich
der Antisemitismus hinter einer Kritik an der Politik der
israelischen Regierung.

In Deutschland leben zurzeit ca. 200.000 Juden, das
sind 0,24 Prozent der Bevölkerung. Während des Holocaust sind von den Deutschen ca. sechs Millionen europäische Juden ermordet worden.

*Es gibt für alles antisemitische Verschwörungstheorien:
für die Vogelgrippe, Aids und sogar für das Erdbeben
und den Tsunami in Japan. Man muss einfach verstehen, dass Antisemitismus ein Teil der europäischen Kul-
tur ist.*

»Juden haben in Deutschland zu viel Einfluss«, sagen 19,7 Prozent der Deutschen.

»Juden im Allgemeinen kümmern sich um nichts und niemanden außer um ihre eigene Gruppe«, sagen 29,4 Prozent der Deutschen.

»Bei der Politik, die Israel macht, kann ich gut verstehen, dass man Juden nicht mag«, sagen 35,6 Prozent der Deutschen.

»Juden versuchen heute Vorteile daraus zu ziehen, dass sie während der Nazi-Zeit die Opfer gewesen sind«, sagen 48,9 Prozent der Deutschen.

Quellen: Manfred Gerstenfeld, Präsidiumsvorsitzender des Jerusalem Center for Public Affairs in einem Gespräch mit konkret, September 2011; Andreas Zick, Beate Küpper und Andreas Hövermann: *Die Abwertung der Anderen – Eine europäische Zustandsbeschreibung zu Intoleranz, Vorurteilen und Diskriminierung*, Berlin 2011

Brauner Adel

Es gab nicht viele Deutsche, die den Mut hatten, gegen die Macht der Nationalsozialisten zu kämpfen, aber es gab sie. Zum größten Teil waren es Sozialdemokraten, Kommunisten, Anarchisten, Gewerkschafter und Christen. Es gab die Rote Kapelle und die Rote Hilfe, es gab die Eiserne Front und die Edelweißpiraten. Viele ihrer Mitglieder wurden von den Nazis verhaftet, in Konzentrationslager gebracht und schließlich ermordet. Dass sie aus dem kollektiven Gedächtnis unseres Landes fast vollständig verschwunden sind, liegt daran, dass in der Öffentlichkeit fast ausschließlich von den Männern des 20. Juli gesprochen wird, die jedoch vor ihrem missglückten Attentat auf Hitler zur Elite des Systems gehört hatten. Weil diese Männer zumeist Adelige waren, ist der irrige Eindruck entstanden, der größte Teil des deutschen Adels sei gegen die Nazis gewesen. Das Gegenteil ist der Fall: Der Adel hat maßgeblich dazu beigetragen, Hitler an die Macht zu bringen. Der Historiker Stephan Malinowski, der zu diesem Thema geforscht hat, stellt in einem Gespräch mit dem »Spiegel« fest: »In der winzig kleinen Gruppe des Hochadels werden rund

70 Fürsten, Prinzen und Prinzessinnen noch vor 1933 Parteigenossen. Bis 1941 sind es etwa 270. Beim niederen Adel sieht es nicht anders aus. Man findet in den Mitgliedskarteien der NSDAP 34 Bismarcks, 41 Schulenburgs, 43 Bredows, 40 Bülows, 43 Kleists, 53 Arnims, 78 Wedels – insgesamt allein aus einer Stichprobe von 350 Familien fast 3600 Adlige. Und jeder Vierte trat vor 1933 ein.«

SPIEGEL: *Immerhin waren es dann nicht zuletzt Adlige, die den Mut aufbrachten, mit Hitler zu brechen und sich sogar aktiv gegen ihn zu stellen.*

Malinowski: *Ohne Adel hätte es keinen 20. Juli 1944 gegeben – aber eben auch keinen 30. Januar 1933. Das Attentat ist der zweite Teil, zu dem ein erster Teil gehört. Und der scheint mir der wichtigere Part zu sein. Geschichte verläuft von hinten nach vorn.*

Quelle: Gespräch mit dem Historiker Stephan Malinowski,
Spiegel Special Geschichte, Januar 2008

Wenn Jude kommt – Polizei!

Die Bayerische Staatsregierung scheint den Kindern und Jugendlichen ihres Bundeslandes zu misstrauen. »86 Prozent der Tatverdächtigen aller 2010 in Bayern verübten linksextremistischen Straftaten waren zwischen 14 und 21 Jahre alt. Knapp 60 Prozent waren Schüler und Studenten«, heißt es auf der neuen Internetseite »Bayern gegen Linksextremismus«. Schaut man sich an, vor wem dort gewarnt wird, so findet man Gruppen wie das »Münchner Bündnis gegen Krieg und Rassismus« und die »Vereinigung der Verfolgten des Naziregimes«. Der Landessprecher dieser Organisation, Ernst Grube, wird auch gleich persönlich genannt. Wer ist dieser Mann, der so gefährlich zu sein scheint, dass man ihn öffentlich an den Pranger stellt? Ernst Grube wurde 1932 geboren, seine Mutter war Jüdin, sein Vater ein evangelischer Sozialist. Als Fünfjähriger wird er Augenzeuge des Brands der Münchner Synagoge. Gemeinsam mit seiner Mutter und seinen zwei Geschwistern wird er noch 1945 ins KZ Theresienstadt gebracht. Ernst Grube ist ein Überlebender des Holocaust. Obwohl inzwischen ein alter Mann, geht er noch immer in die

Klassenzimmer und erzählt den Schülerinnen und Schülern seine Geschichte. Für dieses jahrzehntelange Engagement hat ihn die Landeshauptstadt München mit einer Medaille geehrt. Ginge es nach der Bayerischen Staatsregierung, müsste jeder Lehrer sofort die Polizei holen, wenn der jüdische Antifaschist Ernst Grube auch nur in die Nähe des Schulhofs kommt:

Verständigen Sie die Polizei, wenn Linksextremisten auf dem Schulgelände bzw. im Umfeld des Schulgeländes Propagandamaterial verteilen. Nur dann können die verteilten Werbemittel auf strafrechtliche bzw. presserechtliche Verstöße überprüft und der Vorfall polizeilich erfasst werden.

Erstatten Sie Anzeige, wenn schulfremde Personen das Schulgelände zur Verteilung von Propagandamaterial oder zur Verbreitung extremistischer Thesen betreten.

Quelle: bayern-gegen-linksextremismus.bayern.de,
abgerufen am 4.6.2012

Deutsche Polizisten – besser als Mexiko

Jeder hat das Recht, eine Demonstration anzumelden, durchzuführen oder daran teilzunehmen. Dennoch werden deutschen Polizisten immer wieder massive Übergriffe gegen Menschen vorgeworfen, die von ihrem Recht zu demonstrieren Gebrauch machen. Großes Aufsehen erregte der Fall des Jugendpfarrers Lothar König. In der DDR hatte er sich immer wieder für mehr Freiheitsrechte eingesetzt und war dafür jahrelang von der Stasi drangsaliert worden. Auch im vereinigten Deutschland hat sich der Mann seinen Mut nicht nehmen lassen. Gemeinsam mit den Jugendlichen seiner Gemeinde ist er einer der Aktivisten gegen die Umtriebe der Neonazis in seiner Region. Mit einem Lautsprecherwagen nahm er im Februar 2011 an einer Großdemonstration teil, bei der die Polizei Zehntausende personenbezogene Daten der Teilnehmer erfasst hat. Ein halbes Jahr später – der Pfarrer befand sich gerade im Urlaub – stürmte die Polizei das Gemeindebüro und die Privaträume des Mannes, beschlagnahmte Unterlagen, Computer und den Lautsprecherwagen. Dem Theologen wurde »aufwieglerischer Landfriedensbruch« und die »Bildung einer kriminellen Vereinigung« vorgeworfen. Der Lautsprecherwagen galt nun als »Tatwerkzeug« des friedlichen Nazigegners.

Dr. Thomas Feltes ist Professor am Lehrstuhl für Kriminologie, Kriminalpolitik und Polizeiwissenschaft der Ruhr-Universität in Bochum. Als einer von 2000 Experten weltweit arbeitet er mit am »World Justice Project«, das seinen Sitz in Washington hat und die Rechtsstaatlichkeit von insgesamt 66 Ländern untersucht.

Der Bericht zeigt die Schwachstellen des deutschen Rechtsstaates auf. Die Politik sollte das intensiv zur Kenntnis nehmen«, so Professor Feltes. Vor allem die überlange Verfahrensdauer gehöre abgestellt, um tatsächlich gleiches Recht für alle zu gewährleisten. Auch der Umgang mit übermäßiger Polizeigewalt und polizeilichem Fehlverhalten müsse überdacht werden. Hier rangiert Deutschland unmittelbar vor Mexiko, Kolumbien und der Türkei im hinteren Bereich.

Quelle: Presseinformation Nr. 189
der Ruhr-Universität Bochum, 21.6.2011

»Da war 'ne bestimmte Sympathie da«

In den Jahren 2000 bis 2006 wurden in verschiedenen Städten Deutschlands acht türkische und ein griechischer Kleinunternehmer mit derselben Pistole ermordet. Weder kannten sich die Opfer, noch standen sie zueinander in Verbindung. Seit 1990 sind in Deutschland mehr als 180 Menschen durch rechte und rassistische Gewalt zu Tode gekommen. Nichts hätte also für die Polizei näherliegen müssen, als auch im Fall der neun Männer ein fremdenfeindliches Motiv zu vermuten und die Täter in der Nazi-Szene zu suchen. Aber genau das wurde unterlassen. Stattdessen verdächtigte man die Familien der Ermordeten, ermittelte im »Opfer-Milieu«, suchte, obwohl es dafür keine Hinweise gab, nach Verbindungen zu Schutzgelderpressern und zur »türkischen Mafia« und nannte die ermittelnde Sonderkommission »Soko Bosporus«. So wäre die Mordserie wohl irgendwann als ungelöstes Rätsel in die Kriminalgeschichte eingegangen, wenn nicht ein Zufall die naheliegende Wahrheit doch noch ans Licht gebracht hätte. Als auf der Suche nach zwei Bankräubern im November 2011 die sogenannte »Zwickauer Terrorzelle« enttarnt und dabei die Tatwaffe gefunden wurde, stand fest: Die Täter waren tatsächlich Nazis und die Fahnder blamiert.

Sofort war von einer »beispiellosen Schlamperei« der Behörden die Rede, von »unglaublichen Ermittlungspannen«, vom »jahrelangen Versagen der Geheimdienste«. Doch ist das so? Handelt es sich wirklich um eine endlose Serie von Pannen? Oder ist nicht der Verdacht begründet, dass große Teile von Polizei und Verfassungsschutz »auf dem rechten Auge blind« sind, wie es gelegentlich heißt? Oder ist alles noch viel schlimmer?

Schon im November 2009 zeigte sich ein »Aussteiger« aus der westdeutschen Neonazi-Szene erstaunt über die Folgenlosigkeit der eigenen Gewalttaten:

Gerade in Dortmund haben wir uns oft gewundert, wie es sein kann, dass wir solche Dinge tun, wie körperliche Angriffe auf Antifaschisten, ohne dass es Konsequenzen gegeben hat. Dass wir entweder gar nicht festgenommen wurden, es gar nicht zur Anzeige kam oder dass die Anzeige eingestellt wurde.

Handelt es sich also gar nicht um Blindheit? Handelt es sich womöglich um Nachsicht oder gar Sympathie? Der Fernsehmoderator Günther Jauch stellte diese Frage an Manuel Bauer, einen »jahrelang gewaltbereiten Neonazi«: »Haben Sie die Erfahrung gemacht, dass es Neonazi-Sympathisanten auch in den Reihen von Polizei und Verfassungsschutz gibt?« Bauer berichtet daraufhin, dass seine Organisation hilfreiche Tipps aus den Reihen des Staatsapparates erhalten habe, und begründet dies auch gleich:

Man kannte sich halt, da war 'ne bestimmte Sympathie da, und die sind ja auch bloß Menschen – nach ihren Worten halt. Und das, was wir vertreten haben, ja, haben die ja auch so empfunden. Nur weil die in ihrer Uniform, in ihrer Staatsuniform oder Systemuniform stecken, heißt es nicht, dass diese Menschen gleich anders oder demokratisch denken.

Quellen: Monitor, ARD 19.11.2009;
Günther Jauch, ARD 13.11.2011

Zu spät

»Als die Nazis die Kommunisten holten,
habe ich geschwiegen,
ich war ja kein Kommunist.

Als sie die Sozialdemokraten einsperrten,
habe ich geschwiegen,
ich war ja kein Sozialdemokrat.

Als sie die Gewerkschafter holten,
habe ich geschwiegen,
ich war ja kein Gewerkschafter.

Als sie mich holten,
gab es keinen mehr,
der protestieren konnte.«

Pastor Martin Niemöller, deutscher Theologe,
führender Vertreter der Bekennenden Kirche,
KZ-Häftling von 1937 bis 1945

»Ich bin hier, um Geld zu machen« –
Reich durch Hunger

Auf der Erde leidet eine Milliarde Menschen unter Hunger. Gemessen an der Weltbevölkerung ist das jeder siebte Mensch. Alle drei Sekunden stirbt ein Mensch an den Folgen seiner Unterernährung – insgesamt fast neun Millionen Menschen jährlich. 90 Prozent der Hungernden sind Landarbeiter, Kleinbauern, Fischer und Viehzüchter in den Entwicklungsländern. Dass sie sich und ihre Familien nicht mehr von ihrer Arbeit ernähren können, hat Gründe. Die meisten ärmeren Länder haben Schulden bei den reichen Industrienationen. Diese können deshalb bestimmen, nach welchen Regeln auf der Welt mit Lebensmitteln gehandelt wird. So werden die Bauern in den reichen Ländern jeden Tag mit einer Milliarde Euro unterstützt. Gleichzeitig verbietet man den Entwicklungsländern, ihre eigene Landwirtschaft zu subventionieren. Die Industrienationen erheben hohe Zölle auf die Einfuhr von Lebensmitteln, bestehen ihren Schuldnern in der Dritten Welt gegenüber aber auf einem »freien Welthandel«. Das führt dazu, dass billige Lebensmittel aus Europa und den USA nach Afrika und

Asien exportiert werden. Dort brechen die Absatz-
märkte der einheimischen Bauern zusammen. In den
letzten Jahren kauften ausländische Großunternehmen
riesige Landflächen in Afrika auf, vertrieben die einhei-
mische Bevölkerung und nahmen ihr so jede Lebens-
grundlage. Die Preise für Weizen, Reis, Mais und Gerste
sind in den letzten Jahren explodiert. Einer der Gründe:
Getreide wird zunehmend zur Produktion von Biokraft-
stoffen genutzt. Das, was den Hungernden in ihrem
Magen fehlt, füllt die Tanks unserer Autos. Auch deshalb wird an den Börsen die Spekulation mit Lebensmitteln immer beliebter. Weil viele hungern, werden we-
nige reich. Tod durch Hunger ist Mord, sagt Jean
Ziegler, der ehemalige Sonderberichterstatter der UNO.
»Ein Kind, das heute an Hunger stirbt, (…) wird ermordet.«

*Hier, im Handelsraum der größten Warenterminbörse
der Welt, wird über die Preise von Lebensmitteln entschieden – und damit über das Schicksal von Millionen
Menschen. Der Hunger des Planeten wird hier organisiert. Und der Reichtum von Einzelnen. Für Alan
Knuckman gibt es kaum einen schöneren Ort. »Das ist
Kapitalismus in Reinform«, schwärmt der Rohstoffex-
perte, »hier werden Millionäre gemacht. (…) Ich handle
alles, bei dem man schnell rein- und rauskommt«, sagt
er freimütig. »Ich bin hier, um Geld zu machen.« Wie,
ist ihm egal. Er macht keinen Unterschied zwischen*

Rohöl, Silber, Nahrungsmitteln. »Ich glaube nicht an Politik«, sagt er. »Ich glaube an den Markt, und der hat immer recht.«

Quellen: Jean Ziegler im Nachtstudio, ZDF am 29.8.2010;
Horand Knaup, Michaela Schiessl und Anne Seith:
Die Ware Hunger, Der Spiegel, 29.8.2011

Krisenträume, Nebelworte

Wer sich nützen will und dabei anderen schadet, wird seine Absichten verhehlen. Er wird Worte benutzen, die sein Ziel verbergen, Nebelworte. Die Politik ist voll mit solchen Worten.

Das Wort Strukturanpassungsmaßnahmen hört sich absichtlich kompliziert an. Seine Kompliziertheit soll vernebeln, was damit gemeint ist.

Im Internationalen Währungsfonds (IWF) sind 187 Staaten organisiert. Zu sagen haben dort aber nur die reichsten Länder etwas. Es gilt nicht der Grundsatz »one country, one vote«, sondern »one dollar, one vote«. Wenn ein armes Land in Not gerät, zwingt der IWF dessen Regierung zu Strukturanpassungsmaßnahmen. Das Rezept hinter dem komplizierten Wort ist einfach: Es werden Krankenhäuser und Schulen geschlossen. Es wird Personal entlassen. Gehälter, Renten und Sozialleistungen werden gekürzt, öffentliches Eigentum wird privatisiert. Die Wirkungen, sagt der katholische Theologe Friedhelm Hengsbach, sind »verheerend: wachsende Armut, steigende Arbeitslosigkeit, gesellschaftliche Spaltung und politische Unruhen.«

Als alle wussten, was sich hinter dem Wort Struktur-anpassungsmaßnahmen verbirgt, hatte sich der Begriff verbraucht. Er wurde ersetzt durch das Wort Schulden-bremse. Das hört sich vernünftig an, ist aber ebenfalls ein Nebelwort. Die Schuldenbremse der in die Krise geratenen europäischen Staaten ist ein Werkzeug zur Umverteilung von Eigentum. Belohnt werden jene Banken, die die Krise mitverursacht haben, sie verdienen noch an ihr. Bestraft wird die Bevölkerung.

Am 26. September 2011 brachte der britische Sender BBC ein Live-Interview mit Alessio Rastani. Der Mann, der als Börsenhändler vorgestellt wurde, benutzte keine Nebelworte. Er sprach mit erstaunlicher Offenheit:

Uns Börsenhändler interessiert nicht, wie die Wirtschaftskrise zu bewältigen ist. Unser Job ist es, Geld damit zu verdienen. Ich habe eine Leidenschaft: Ich gehe jeden Abend ins Bett und erträume mir eine neue Rezession. Die Regierungen beherrschen nicht die Welt. Goldman Sachs regiert die Welt.

Das Interview mit Alessio Rastani erregte riesiges Aufsehen. Binnen Stunden wurde es auf »Youtube« mehr als eine Million Mal angeklickt. Es schien fast unglaublich, dass jemand bereit war, die ungeschönte Wahrheit über den eigenen Berufsstand zu sagen. Einen Tag später stellte sich heraus, dass Alessio Rastani den Börsenhandel nur als Hobby betreibt. Es war also leicht für ihn, die Wahrheit zu sagen. Gegenüber dem Wirtschaftsmagazin »Forbes« zeigte er sich verwundert über die Aufregung, die seine Worte ausgelöst hatten: »Ich dachte nicht, dass ich irgendwelche Neuigkeiten erzähle. Ich dachte, jeder wüsste das.«

Und in der Tat hätte es jeder wissen können. Denn ein anderer Mann ist bereits fünf Jahre früher noch viel deutlicher geworden. Es ist der Großunternehmer Warren Buffet. Sein Privatvermögen beträgt zirka 50 Milliarden Dollar; er ist der drittreichste Mensch der Welt. Am 26. November 2006 sagte er in einem Gespräch mit der »New York Times«:

Es herrscht Klassenkrieg, das ist wahr. Aber es ist meine Klasse, die reiche Klasse, die diesen Krieg führt. Und wir gewinnen.

Quellen: Friedhelm Hengsbach auf faustkultur.de;
Alessio Rastani auf BBC News, 26.9.2011;
Alessio Rastani auf forbes.com, 27.9.2011;
Warren Buffet in New York Times, 26.11.2006

Festung Europa

Auf einem Flüchtlingsboot, das am 25. März 2011 von Tripolis in Richtung der italienischen Insel Lampedusa losfuhr, befanden sich 72 Menschen, darunter 20 Frauen und zwei kleine Kinder, eines davon erst ein Jahr alt. Bereits nach 18 Stunden, etwa 290 Kilometer nordwestlich von Tripolis, geriet das Boot in Schwierigkeiten und verlor Benzin. Obwohl die italienische Küstenwache benachrichtigt war, obwohl ein Militärhubschrauber Kontakt zu den Passagieren hatte, obwohl ein – wahrscheinlich französischer – Flugzeugträger dicht an dem Flüchtlingsboot vorbeifuhr, wurde keine Hilfe geschickt. Am 10. April wurde das Boot in der Nähe von Misrata an die libysche Küste gespült. Von den 72 Passagieren hatten nur neun überlebt. Alle anderen waren verhungert oder verdurstet. Innerhalb von zehn Monaten sind 1.900 Menschen bei dem Versuch, die europäische Küste zu erreichen, umgekommen.

Jeden Morgen wachten wir auf und fanden weitere Leichen, die wir für 24 Stunden an Bord ließen und dann ins Wasser warfen. Aber in den letzten Tagen kannten wir uns selbst nicht mehr (...) jeder war entweder am Beten oder am Sterben. (...) Wir hatten kein Benzin mehr, wir hatten kein Essen und kein Wasser mehr, wir hatten nichts mehr. Wir trieben auf dem Meer und das Wetter war sehr gefährlich (...) Von dem Hubschrauber hatten wir noch eine Flasche Wasser für die beiden Kleinen, deren Eltern bereits tot waren. Nach zwei Tagen starben auch die Kinder, sie waren zu klein.

Abu Kurke, ein 24-jähriger Flüchtling aus Oromia, Äthiopien, nach einem Bericht des »Guardian«.

Quellen: Guardian, 8.5.2011; proasyl.de, 29.8.2011

H&M: Ohnmachtsanfall für die Mode

Der schwedische Textilkonzern H&M unterhält weltweit 2.300 Filialen. Besonders bei jungen Leuten ist die
Kleidung des Unternehmens beliebt, weil sie als mo-
disch und überaus preiswert gilt. Wie das geht? Genäht
wird dort, wo die Löhne am niedrigsten sind. Allein in
einer einzigen Textilfabrik in Kambodscha produzieren
4.500 Mitarbeiter für H&M.

Die Nachrichtensendung »Tagesthemen« berichtet,
dass Ende August 2011 in dem Werk 300 Frauen ohnmächtig zusammengebrochen sind. Eine Näherin, die
dort für 30 Cent die Stunde arbeitet, erzählt:

*Als die Ersten zusammengebrochen sind, hatten wir alle
Angst. Immer mehr sind umgefallen; sie konnten kaum
atmen. Die chinesischen Aufseher haben dann einfach
die Tür verschlossen, damit die anderen es nicht mitbekommen. Aber das hat noch mehr Panik verursacht.*

Quelle: Norbert Lübbers, ARD Singapur,
Tagesthemen, 5.9.2011

kik – Kleidung clever kaufen

Der Textildiscounter kik ist ein stark expandierendes Unternehmen. Er gehört zur Tengelmann-Gruppe und unterhält über 3.000 Verkaufsstellen. Das Motto des kik-Gründers Jost-Stefan Heinig lautet: »Jeden Tag eine neue Filiale«. Der Name des Unternehmens bedeutet »Kunde ist König«. Doch immer wieder wurden die Verbraucher vor gefährlichen, chemiehaltigen Produkten aus dem kik-Sortiment gewarnt. Und dass die Mitarbeiter alles andere als königlich behandelt werden, ist inzwischen hinlänglich bekannt. Die Gewerkschaft verdi erstattete Anzeige wegen Lohndumpings; das Fernsehmagazin Panorama belegte, dass die kik-Angestellten systematisch ausgespäht wurden. Dass auch in den Zulieferbetrieben in der Dritten Welt massive Arbeitsrechtsverletzungen nachgewiesen werden konnten – wie sollte es bei diesen Preisen anders sein:

Damen: Kleider, je nur 2,99
*   Capri-Leggins, je nur 6,99*
Herren: T-Shirts, 100 Prozent Baumwolle, je nur 4,99
*   Hosen, 100 Prozent Baumwolle, je nur 9,99*

Mädchen: Capri-Leggins, hoher Baumwollanteil, mit
  Ziersteinen, je nur 2,99
Baby: Halbarm-Bodys, 100 Prozent Baumwolle,
  je nur 1,99
Süße Baby-Sets, 5 Teile = 1 Preis, nur 9,99

Quelle: Angebotsprospekt von kik, gültig ab 29.5.2012

Der Win-win-Minister

Als Generalsekretär der FDP wollte Dirk Niebel das Entwicklungshilfeministerium abschaffen. Nun, da er selbst dieses Ministerium leitet, baut er es zu einer Servicestelle für die deutsche Wirtschaft aus – und schafft es damit faktisch ab. Er hat ein Strategiepapier für deutsche Unternehmen entwickeln lassen, um diesen die Entwicklungsländer als lukratives Betätigungsfeld schmackhaft zu machen: »Der beiderseitige Nutzen steht dabei im Mittelpunkt (›win-win‹).« Der Minister ist Realist genug, um zu wissen, dass der deutsche Unternehmer nicht helfen, sondern verdienen will. »Jeder Euro, den wir in die Wirtschaften unserer Partnerländer investieren, bewirkt darüber hinausgehende Rückflüsse und Erträge in Deutschland.« So verspricht man, der deutschen Wirtschaft nicht nur bei Investitionen finanziell unter die Arme zu greifen, sondern auch bei der »Erschließung neuer Märkte in Entwicklungsländern« behilflich zu sein. Denn auch bei den Ärmsten der Armen ist noch was zu holen: »Das untere Ende der Einkommenspyramide umfasst weltweit 4 Milliarden Menschen und eine (...) Kaufkraft von 5.000 Mrd. US-Dol-

lar jährlich. Dieser Markt ist bisher noch wenig er-
schlossen, obwohl er große Chancen für Unternehmen
aufzeigt.«

ZEITonline befragte Minister Dirk Niebel zu dessen
neuem Kurs in der Entwicklungshilfe:

*Herr Niebel, Sie touren derzeit durch die Handelskam-
mern des Landes, um Mittelständler für Investitionen in
Entwicklungsländer zu gewinnen. Den Unternehmern
versprechen Sie gute Geschäftschancen. Machen Sie Politik für die Wirtschaft oder für die Armen?*

Der Minister wich aus, die Journalistin Alexandra En-
dres fasste nach:

*Auch das Thema Rohstoffsicherheit liegt Ihnen am Her-
zen. Warum soll es Aufgabe der Entwicklungspolitik
sein, sich darum zu kümmern?*
Niebel: *Das ist eine klassische Win-win-Situation. Es
ist überhaupt kein Geheimnis, dass wir als Industrie-
nation auf Rohstoffe angewiesen sind, aber wir sind ein
rohstoffarmes Land. Die meisten Rohstoffvorkommen
befinden sich in Entwicklungsländern.*

Quellen: BMZ Strategiepapier März 2011;
ZEITonline, 22.2.2011

Das Horn des Ochsen

Es gibt laute, krachende Skandale und es gibt leise, schleichende, die nur durch die beharrliche Arbeit von gewissenhaften Journalisten ans Tageslicht kommen.

Der Yasuní-Nationalpark ist ein riesiges Naturreservat im Nordosten Ecuadors. Hier wohnen in freiwilliger Isolation die drei letzten Indianervölker des Landes. Der Park umfasst viermal die Fläche des Großherzogtums Luxemburg und ist weltweit einer der Orte mit der größten Vielfalt von Tier- und Pflanzenarten. Auf einem einzigen Hektar finden sich hier mehr Baumarten als in den USA und Kanada zusammen – ein Paradies auf Erden. Folglich hat die UNESCO Yasuní zu einem besonders schützenswerten Biosphärenreservat erklärt.

Vor einigen Jahren hat man auf dem Gebiet des Nationalparks ein riesiges Erdölvorkommen entdeckt. Und weil Erdöl die wichtigste Einnahmequelle Ecuadors ist, fand sich die Regierung in einer Zwickmühle. Würde man das Öl fördern, wäre eines der wichtigsten Naturreservate der Welt für immer zerstört. Würde man es in der Erde lassen, wäre das Land um einige Milliarden Dollar ärmer. Ein Verzicht würde aber auch den Ausstoß von 400 Millionen Tonnen CO_2 verhindern – was ein Segen für die ganze Welt wäre. Das brachte die Ecuadorianer auf eine gute Idee. Wenn die ganze Welt etwas vom Schutz dieses Gebietes hat, warum sollten sich dann nicht auch alle daran beteiligen? Im September 2007 trat der Präsident Ecuadors vor die Vereinten Nationen und machte einen Vorschlag. Er sagte ungefähr Folgendes: »Wir lassen das Öl im Boden und verlieren dadurch 7 Milliarden Dollar. Weil dieser Verzicht aber für alle Länder von Vorteil wäre, teilen wir uns die Kosten: Ecuador übernimmt 3,5 Milliarden und der Rest der Welt übernimmt die anderen 3,5 Milliarden.« Nach anfänglicher Skepsis fanden immer mehr Länder, dass dies ein ungewöhnlicher, aber guter Vorschlag sei. Auch im deutschen Entwicklungshilfeministerium, das damals von der Sozialdemokratin Wieczorek-Zeul geleitet wurde, unterstützte man die Idee, man versprach jährliche Zahlungen von 50 Millionen Dollar. Dann gab es Wahlen in Deutschland, neuer Chef des Ministeriums wurde der FDP-Mann Dirk Niebel, und der leise Skandal nahm seinen Lauf.

Anfang 2010 hatten die Ecuadorianer bereits Zusagen für die Hälfte der Kompensationszahlungen. Doch dann geriet das Projekt ins Stocken. Anita und Marian Blasberg, Journalisten bei der »Zeit«, wollten wissen, was los war und hefteten sich an die Fersen von Ivonne Baki. Frau Baki ist die Sonderbeauftragte der Regierung Ecuadors, sie reist durch die Welt, um das noch fehlende Geld einzusammeln. Sie erhält freundliche Zustimmung, aber nur vage Zusagen: »Alle gucken, was die Deutschen tun. Wenn die Deutschen dabei sind, ziehen sie die anderen mit.« Also wird es Frau Bakis Hauptaufgabe, den deutschen Entwicklungshilfeminister zu treffen und ihn an das Versprechen seines Landes zu erinnern. Aber das erweist sich, wie sie den beiden Journalisten sagt, als »die schwierigste Aufgabe meines Lebens«. Wieder und wieder bittet sie um einen Termin. Wieder und wieder wird sie vertröstet. Es ist, als würden man einem Ochsen ins Horn kneifen. Sie schreibt, telefoniert, fliegt schließlich nach Berlin. Immerhin hat man ihr ein Treffen mit einer von Niebels Staatssekretärinnen in Aussicht gestellt. Doch auch dieses Treffen scheitert: Die Staatssekretärin lässt ausrichten, sie sei krank geworden. Als eine Abgeordnete der Grünen bei dem Minister nachfragt, antwortet dieser: Bezüglich des Yasumí-Projekts fehle ein »einheitlicher Begründungszusammenhang«, deshalb werde man »die Einzahlung in den Treuhandfonds nicht in Betracht ziehen«.

Das Paradies darf sterben, warum auch nicht. Denn schließlich, so formuliert es Dirk Niebel:

Ich bin nicht dazu gewählt worden, linke Träume zu erfüllen.

Quelle: Anita und Marian Blasberg:
Niebel und die Indianer, Die Zeit, 20.6.2011

Ein angekündigter Tod

Auf »Youtube« kann man sich die Rede eines bescheiden wirkenden Mannes ansehen. Er trägt ein weißes T-Shirt und eine schwarze Che-Guevara-Kappe. Er hielt einen Vortrag im November 2010 auf einer Konferenz im brasilianischen Manaus. Ein halbes Jahr später fand man die Leiche des Mannes – von Kugeln durchsiebt. Der Mann war Brasilianer und hieß Jé Cláudio Ribeiro da Silva. Er war ein Aktivist gegen die Abholzung des Regenwaldes und erzählte seinen Zuhörern, dass er Angst habe:

Ich könnte jeden Moment eine Kugel im Kopf haben. Der Grund ist: Ich zeige die Holzhändler und die Holzkohle-Produzenten an, und deswegen denken sie, dass es mich nicht geben darf. Man fragt mich, ob ich Angst habe. Ich bin ein Mensch, ja, natürlich habe ich Angst. Aber meine Angst bringt mich nicht zum Schweigen. Solange ich Kraft habe, um zu gehen, werde ich gegen alle kämpfen, die dem Wald etwas antun.

Am 24. Mai 2011 wurden da Silva und seine Ehefrau ermordet. Als Trophäe hatten die Mörder dem Aktivisten ein Ohr abgeschnitten. Die katholische Pastorale Landkommission CPT gibt an, dass in den letzten zwei Jahrzehnten 1.150 Umweltschützer und Aktivisten der Landbewohner in Brasilien ermordet wurden. In den meisten Fällen handele es sich um Auftragsmorde, deren Hintermänner Großgrundbesitzer und Abholzungs-Unternehmen seien.

Quellen: Jé Cláudio Ribeiro auf der TEDxAmazonia (Youtube);
derstandard.at, 3.6.2011

Der Todesstreifen

Die Grenze zwischen Mexiko und den USA ist ca. 3.000 Kilometer lang. Sie trennt nicht nur zwei Länder, sie trennt die Dritte von der Ersten Welt. Im Jahr 2006 hat der US-Kongress beschlossen, den bestehenden Hochsicherheits-Zaun auf eine Länge von 1.100 Kilometer zu erweitern. Kaum eine andere Grenze der Welt wird so scharf bewacht. In Washington werden regelmäßig Milliardenbeträge bewilligt, um die Border Patrol technisch und personell aufzurüsten – zurzeit sind etwa 20.000 Grenzschützer im Einsatz. Trotzdem versuchen alljährlich Hunderttausende Flüchtlinge vom armen Süden in den reichen Norden zu gelangen. Sie versuchen dem Hunger, der Korruption und dem Drogenkrieg in ihrer Heimat zu entkommen. Manche ertrinken bei dem Versuch, den Rio Grande zu durchschwimmen, viele verdursten auf dem Weg durch die ausgedehnten Wüstenregionen. Es wird geschätzt, dass jedes Jahr ungefähr vierhundert Menschen auf diese Weise ums Leben kommen.

Gebt mir eure Müden, eure Armen,
Eure geknechteten Massen, die frei zu atmen begehren,
Den elenden Unrat eurer gedrängten Küsten;
Schickt sie mir, die Heimatlosen, vom Sturme Getriebenen,
Hoch halt' ich mein Licht am gold'nen Tore!

Aus dem Sonett *The New Colossus* von Emma Lazarus,
das sie 1883 verfasste und das als Willkommensgruß an
die Flüchtlinge aus aller Welt auf einer Bronzetafel am Fuß
der amerikanischen Freiheitsstatue angebracht wurde.

Katastrophe XL – ein amerikanisches »Stuttgart 21«

In den USA ist eine Riesenpipeline geplant, die den Namen »Keystone XL« trägt. Sie soll von Kanada bis zum Golf von Mexiko reichen und 3.400 Kilometer lang sein. Obwohl in Deutschland kaum bekannt, ist das Projekt so etwas wie ein amerikanisches »Stuttgart 21«. Das »Natural Resources Defense Council« beklagt, dass die »Keystone XL« alle Verpflichtungen der USA zu einer sauberen Energiewirtschaft unterlaufe und stattdessen auf schmutzige Techniken und Rohstoffe setze und darüber hinaus viel zu teuer sei. Die Pipeline würde nicht nur mehrere Trinkwasserreservate und empfindliche Ökosysteme durchqueren, sondern auch ein stark von Erdbeben gefährdetes Gebiet. Ein größeres Leck in der Pipeline würde zu einer unabsehbaren Katastrophe führen und darüber hinaus die Wirtschaft des Mittleren Westens zugrunde richten. Nicht nur Umweltorganisationen laufen Sturm gegen das Vorhaben. Die Bewegung gegen »Keystone XL« ist binnen eines Jahres zu einer der größten Kampagnen der letzten Jahrzehnte geworden. Tausende Anwohner, Bauern, Tierschützer, Politiker, zahlreiche Wissenschaftler und Schauspieler haben sich den Protesten angeschlossen. Innerhalb eines Jahres wurden über 600.000 Unterschriften gegen das Projekt gesammelt.

Ende August 2011 fand vor dem Weißen Haus in Washington eine Demonstration statt, bei der Präsident Obama aufgefordert wurde, das Vorhaben zu stoppen. Die Polizei schritt ein und verhaftete viele der Demonstranten. Unter ihnen war auch die Schauspielerin Daryl Hannah, die ihre Festnahme wie folgt kommentierte:

Manchmal ist es nötig, seine Freiheit für eine größere Freiheit zu opfern.

Im Januar 2012 kündigte Barack Obama an, die Genehmigung für den Bau vorerst nicht zu erteilen.

Quelle: NBC Washington, 30.8.2011; tarsandsaction.org

In meiner Badewanne bin ich Kapitän

Roman Abramowitsch ist nicht mehr ganz so reich, wie er mal war, aber immer noch einer der reichsten Männer der Welt. Sein gegenwärtiges Vermögen wird auf ca. 17 Milliarden Dollar geschätzt. Sein erstes Geld verdiente er mit der Fabrikation von Fußbällen und Gummienten. Bald schon baute er – im Umfeld der russischen Präsidenten Jelzin und Putin – ein umfangreiches Firmenimperium auf. Im Jahr 2003 kaufte er den englischen Fußballclub FC Chelsea und zahlte dafür 210 Millionen Euro. Er besitzt ein Schloss an der Côte d'Azur, einen vierstrahligen Airbus und mehrere Yachten – darunter die längste der Welt, die 163 Meter lange »Eclipse«. Sie verfügt über kugelsichere Bullaugen, zwei Hubschrauberlandeplätze, zahlreiche Bewegungsmelder und eine Laseranlage zur Abwehr von fotografierenden Paparazzi. Ein U-Boot und ein Raketenabwehrsystem sollen nachgerüstet werden.

Jüngst allerdings bereitete die »Eclipse« ihrem Besitzer einige Sorgen:

Die eher an ein Kreuzfahrtschiff erinnernde Jacht ist so groß, dass sie nicht im Hafen der schicken Stadt Antibes an der Côte d'Azur anlegen konnte. Am Montag dümpelte das Boot deshalb in der Bucht von Antibes im Meer, nicht weit vom Cap d'Antibes, wo der Milliardär gelegentlich in seinem Anwesen direkt am Meer ausspannt.

Quellen: focus.de, 23.8.2011; wikipedia: Artikel *Eclipse*

Schachmatt für 150.000 Dollar

Nach dem Ende der Sowjetunion rutschte der Lebens-standard weiter Teile der Bevölkerung vom Niveau eines Landes der Zweiten Welt auf das Niveau der Dritten Welt. Armut und Hunger wurden so groß wie seit Jahrzehnten nicht mehr. Gleichzeitig entstand eine neue Schicht, die es bislang nicht gegeben hatte: die Schicht der Superreichen, der sogenannten Oligarchen. Boris Jelzin, der erste Ministerpräsident der russischen Teilrepublik, hatte einen beispiellosen Ausverkauf des Staatseigentums betrieben. Wer ihn und seine korrupte Politik unterstützte, dem vermachte er zum Schleuderpreis Fabriken, Bergwerke, Ländereien und Rohstoffvorkommen, die sich bislang in Gemeineigentum befunden hatten.

Bei den nun in jedem Herbst stattfindenden Moskauer Millionärsmessen gibt es immer wieder Proteste unter dem Slogan:

Euer Reichtum ist die Armut von Millionen

Proteste, die meist von der Polizei rasch zerschlagen werden. Im Inneren der Hallen sollen sich die neuen Reichen in Ruhe selbst feiern dürfen: Dort verkauft der ehemalige Schachweltmeister Anatolij Karpov ein Schachspiel für 150.000 Dollar – die Figuren wurden aus den Stoßzähnen vierzigtausend Jahre alter Mammuts geschnitzt. Man kann hier mit Blattgold belegte Konzertflügel erwerben, eine Luxusyacht, ein Loire-Schloss oder gleich eine ganze Südseeinsel.

Quellen: Stern.de, 29.9.2005; faz.net, 31.10.2009

Gewehre statt Blumen

Die Firma Insite Security ist ein Sicherheitsunternehmen mit Sitz in New York. Sie wurde gegründet von dem Anwalt und früheren Geheimdienstmann Christopher Falkenberg. Insite Security beschäftigt ein riesiges Team von ehemaligen Agenten des Secret Service, des FBI und des New York Police Department sowie Angehörigen des US-Militärs. Zu den Firmenkunden gehören zum Beispiel die US-Münzgesellschaft, die Schweizer Großbank UBS, die Universal Music Group, Time Warner und das Modeimperium Ralph Lauren. Insite Security bietet bewaffneten Schutz vor Überfällen und Entführungen für Unternehmer und Manager und für deren Familien. Das Geschäft der Firma ist die Angst der Reichen vor den Armen.

Falkenberg berichtet: »Die Reichen achten inzwischen sehr genau darauf, wie sie ihr Leben führen. Sie haben Maßnahmen ergriffen, ihr Ansehen beim Rest der Welt zu verändern, das betrifft auch ihre manchmal extravagante Art Geld auszugeben.«

Insite Security hat eine Studie unter Millionären in Auftrag gegeben, die zu dem Ergebnis kommt, dass

94 Prozent der Befragten sich vor den globalen Unruhen dieser Tage fürchten.

Auf der Internetseite des »Wall Street Journal« unterhält der Journalist Robert Frank seinen Blog »The Wealth Report« – der Reichtums-Bericht. Unter dem Titel »Warum die Reichen Angst haben vor der Gewalt auf der Straße« erzählt er dort folgende Geschichte:

Voriges Jahr war ich bei einem kalifornischen Milliardär zuhause und bat ihn, seine größte Sorge zu beschreiben. Er zeigte auf ein Gemälde an der Wand, das aus dem 19. Jahrhundert stammte und eine Bettlerin zeigte, die Almosen von einem reichen Herrn erhielt und ihrem Gönner dafür eine Blume gab. »Das ist es, was mich beunruhigt«, sagte er. »Dass sie statt Blumen Waffen in der Hand hält. Gewalt auf den Straßen, die auf die Reichen zielt – das ist es, worüber ich mir Sorgen mache.«

Quellen: insitesecurity.com;
Robert Frank: *The Wealth Report* auf wsj.com, 6.7.2011

Zu wenig zum Leben, zu viel zum Sterben

Als Niedriglohn bezeichnet man den Lohn eines Beschäftigten, der jeden Tag acht Stunden oder mehr arbeitet, dessen Einkommen aber so gering ist, dass er sich damit knapp oberhalb oder sogar unter der Armutsgrenze befindet. In Deutschland arbeiten inzwischen fast ein Viertel aller Beschäftigten im sogenannten Niedriglohn-Sektor. Das betrifft vor allem Menschen, die in Callcentern, im Discounthandel, in der Gastronomie, bei Wach- und Reinigungsunternehmen oder als Hilfskräfte in der Landwirtschaft arbeiten. Niedriglohn-Empfänger erhalten nicht nur zu wenig Geld, sie leiden meist unter schlechten Arbeitsbedingungen, haben kaum Chancen auf Weiterbildung, sind schlecht versorgt, wenn sie krank oder arbeitslos werden, und sind fast immer von späterer Altersarmut betroffen. Außerdem sind sie wehrlos. In Unternehmen, die Niedriglöhne zahlen, beträgt der Anteil der Beschäftigten, der sich gewerkschaftlich organisiert, oft gerade mal fünf Prozent. Der Versuch, einen Betriebsrat zu gründen, scheitert zumeist an der hohen Fluktuation im Betrieb und an den Schikanen der Geschäftsleitung. »Der Druck der Arbeitgeber, das zu unterlassen, ist zum Teil außerordentlich hoch«, sagt Frank Bsirske, der Vorsitzende der Gewerkschaft verdi.

Es herrscht die Gewalt des Eigentums. Damit müssen sich die Menschen entweder abfinden – oder sich wehren.

Quelle: Gespräch mit dem verdi-Vorsitzenden Frank Bsirske, Süddeutsche Zeitung, 15.9.2011

Mord, Totschlag, Bürgerkrieg

Die Schweizer Großbank UBS hat ein Szenario entwickelt, in dem sie schildert, was passieren würde, wenn auch nur ein schwaches Land sich entschließen sollte, die Euro-Zone zu verlassen: der pure Horror.

Allein die Ankündigung würde dazu führen, dass sämtliche Euroguthaben ins Ausland geschafft werden. Banken und Unternehmen würden zusammenbrechen und dadurch den Staat kollabieren lassen – eine Entwicklung, die ansteckend auf andere Krisenländer wirken müsste, sodass in der Folge das gesamte europäische Bankensystem zerstört würde.

Viel größer allerdings – so prophezeien die Banker – seien die politischen Folgen. Das Auseinanderbrechen einer Währungsunion sei in der Vergangenheit fast immer begleitet gewesen von Aufständen, Bürgerkrieg und autoritären Regimes. Es habe immer nur zwei denkbare Konsequenzen gegeben:

Entweder hat eine autoritäre Regierung die sozialen Unruhen eingedämmt oder unterdrückt (ein Szenario, das einen Wechsel von einer Demokratie zu einem au-

*toritären Regime oder einer Militärregierung verlangt),
oder aber die sozialen Unruhen haben aufgrund bereits
existierender Widersprüche zu einer Spaltung innerhalb
des Landes und dadurch zum Bürgerkrieg geführt.*

Quelle: UBS Investment Research: *Global Economic Perspectives.
Euro break-up – the consequences*, 6.9.2011

Lernen unter Schmerzen

Alles war seit Jahren entschieden, beschlossen und verkündet. Zum Bau des neuen Hauptbahnhofs »Stuttgart 21« schien es »keine Alternative« mehr zu geben. Doch plötzlich regte sich Widerstand. Erst ein wenig, dann immer mehr. Es war, als sei ein schlafender Riese erwacht. Rentner und Schüler, Unternehmer und Angestellte, Professoren, Studenten und Künstler protestierten gegen das geplante Großprojekt. Es wurde agitiert und demonstriert, und täglich wuchs die Zahl der Gegner – bald hatte man den Eindruck, die halbe Bevölkerung sei auf den Beinen. Und es schien der bunten, großen Truppe der Bahnhofsgegner, die jetzt fast täglich singend und skandierend durch die Stuttgarter Innenstadt zog, egal zu sein, dass der Neubau »auf demokratische Weise« nicht mehr zu stoppen sei. Sie wollten ihn nicht, und sie waren viele. So viele, dass die Vertreter der Bahn AG und der Landesregierung Angst bekamen, es könnten noch mehr werden. Also beschloss die Obrigkeit, ihrem Volk die Zähne zu zeigen. Ende September 2010 rückten riesige Polizeieinheiten in Stuttgart ein – sie kamen aus ganz Baden-Württemberg, aber auch aus Bayern, Hessen, Rheinland-Pfalz und Nordrhein-Westfalen. Und sie waren nicht zum Spaß da – sie setzten Schlagstöcke, Tränengas und Wasserwerfer ein. Am Ende gab es 400 Verletzte, manche davon schwer, manche minderjährig. Am 29. und 30. September nahmen viele Schüler an den Protestaktionen teil – einige von ihnen zum ersten Mal. Überrascht von der Brutalität der Polizei, lernten sie an zwei Tagen mehr über Demokratie als sonst in einem ganzen Schuljahr.

BERICHT 1

Als Schülerin eines Stuttgarter Gymnasiums habe ich durch Flyer der Jugendoffensive von dem geplanten Schülerstreik mitbekommen. Um kurz nach 10 Uhr erreichte ich die Lautenschlagerstraße, wo sich schon etliche Schülerinnen und Schüler versammelt hatten, um nach einer Kundgebung einen friedlichen Demonstrationszug durch die Innenstadt Stuttgarts zu machen, der im Schlossgarten enden sollte.

Doch schon kurz nach Beginn der Kundgebung hieß es »Parkschützeralarm«. Alle stürmten in den Park. Dort herrschte heilloses Chaos. Niemand wusste so recht wohin. Die Polizisten formierten sich ständig an anderen Stellen zu völlig sinnlosen Ketten, die man nicht durchdringen, aber um sie herumlaufen durfte. Schließlich brachten sie Absperrgitter. Um uns zurückzudrängen, umkreisten sie diese mit Pferden. Ein Demonstrant vor mir wurde von einem Pferd umgestoßen.

Nach einiger Zeit tauchten auch Bundespolizisten auf, welche um einiges brutaler auftraten und die Menschen durch Schläge zurückdrängten. Entsetzensschreie und Aufforderungen zum Aufhören wurden immer lauter. Nun entdeckte ich auch den Wasserwerfer.

Ich setzte mich vor eine Polizeikette. Als es kleine Tropfen regnete, schrien alle, wir sollen die Augen schließen und unser Gesicht bedecken. Trotzdem brannte das Tränengas auf meiner Haut und in meinen Augen. Ein Mann neben mir schrie, dass er Pfefferspray abbekommen hätte. Der Polizist, der hinter mir auftauchte informierte mich, dass er Pfefferspray einsetzen dürfe, mir aber nicht wehtun wolle. Also stand ich auf. Trotzdem bekam ich eine volle Ladung der Wasserwerfer ab.

Als ich anschließend nach Hause wollte, ließ man mich nicht durch. Wir waren eingekesselt und wurden durch Wasserwerfer beschossen.

Auch wenn ich das Schlimmste nur auf Bildern im Nachhinein gesehen und keine Verletzungen erlitten habe, habe ich doch etwas mir Unvorstellbares miterlebt: Friedliche Demonstranten werden von der Polizei geschlagen und mit Pfefferspray, Tränengas und Wasserwerfern angegriffen.

BERICHT 2
Donnerstag, 30.09.2010 – Eigentlich war Schülerstreik angesagt, Erfahrungsbericht

Als ich in einer Gruppe von Leuten nahe eines Baumes stand, verteilte ein Polizist einfach so Tritte und Schubser an friedliche TeilnehmerInnen, was zeigte, wie angespannt zu dieser Zeit die Lage schon war.

Bald wurden die Wasserwerfer aufgefahren, die Strategie der Polizei war nun nur noch rabiat.

Da schnell klar war, dass nicht nur Wasser, sondern auch Reizgas in der Luft lag, kümmerte ich mich um Leute, die fast nichts mehr sehen konnten, indem ich Augen ausspülte, Wasser, Taschentücher etc. verteilte.

Für mich war diese Demo nicht die erste und so wusste ich in etwa, was auf mich zukommen würde, doch als mit der Zeit immer mehr komplett durchnässte, verquollene, geschockte und unterkühlte Menschen im immerwährenden Pfeifkonzert auf mich zukamen, war auch ich geschockt und versuchte nur noch zu helfen und Leute mit (Klein-)Kindern und auch sonstige im Park befindlichen vor den Polizeiaktionen zu warnen. Irgendwann ging ich Taschentücher kaufen, da durch Erzählungen von anderen aus der Jugendoffensive über Verletzte und das, was ich gesehen hatte, ich komplett erschöpft und den Tränen nahe war. Kurz zuvor sollte ein Krankenwagen in den Park fahren, um einen Schwerverletzen abzutransportieren. Wir gaben dafür unsere Blockade des Zufahrtsweges auf, doch die Polizei ließ den Krankenwagen nicht in den Park, so mussten die Sanitäter zu Fuß in den Park. Irgendwann fuhr dann eine zweite mobile Krankenstation der Feuerwehr vor (Aufschrift: Bevölkerungsschutz …), da es immer mehr Verletzte, hauptsächlich Reizgasopfer, gab. Auch als ich diverse Leute dorthin brachte, war es immer voll, der Wasserhahn lief die ganze Zeit und es wurden permanent Augen gespült.

Immer wieder unterhielt ich mich auch mit Menschen, die komplett fassungslos waren über die Brutalität der Polizei und deren Obrigkeitshörigkeit. Eine Lehrerin war vollkommen aus der Fassung. Sie sagte, sie wisse nicht, was sie ihren Schülern nach dieser Erfahrung noch über die Demokratie und Freiheit in Deutschland erzählen solle.

Wir haben die beste Regierung, die es für Geld zu kaufen gibt (Transparent der Gegner von »Stuttgart 21«)

Quelle: jugendoffensivegegens21.wordpress.com,
abgerufen am 1.6.2012

»Sozialhygiene« – soll wehtun

Rainer Wendt ist der Vorsitzende der Deutschen Polizei-
gewerkschaft und spricht für zirka 80.000 deutsche
Polizisten. Dass er ein gespanntes Verhältnis zu Menschen hat, die ihre demokratischen Grundrechte wahr-
nehmen, hat er mehrfach zum Ausdruck gebracht. Als
Wolfgang Thierse (SPD) sich an einer Sitzblockade gegen einen Aufmarsch von Rechtsextremisten beteiligte,
bezeichnete Wendt den Vizepräsidenten des Deutschen
Bundestages als »personifizierte Beschädigung des An-
sehens des deutschen Parlaments«. Ein dreiviertel Jahr
später nannte er ihn in der »Jungen Freiheit«, dem Zen-
tralorgan der Neuen Rechten, einen »Totalausfall«. Als
die Polizei im September 2010 mit Pfefferspray, Schlag-
stöcken und Wasserwerfern gegen die Gegner von »Stuttgart 21« vorging, äußerte der deutsche Beamte Wendt:

*Polizeiliche Einsatzmittel müssen Waffen sein, die weh-
tun, nur dann wirken sie.*

Thomas Wüppesahl, der Sprecher der »Bundesarbeits-
gemeinschaft kritischer Polizistinnen und Polizisten«,

kommentiert den obersten Polizeigewerkschafter wie folgt:

Wendt ist ein hartes Kaliber. Nach dem Auftritt, den er nach dem Polizeieinsatz gegen die »Stuttgart-21«-Gegner am 30. September hingelegt hat, habe ich gesagt, dass da eigentlich nur noch gefehlt hat, dass ihm die rechte Hand hochgeht. Eine solche Äußerung kann man in einer Diktatur machen, aber nicht in einem pluralistischen, rechtsstaatlichen Gebäude, wie es die Bundesrepublik sein möchte.

Und Wüppesahl gibt offen zu, dass

die Polizei die Drecksarbeit für die herrschenden Kräfte macht. Das wird in den Apparaten tatsächlich als ›Sozialhygiene‹ gelabelt.

Quellen: Spiegel online, 2.10.2010;
Interview mit Thomas Wüppesahl,
konkret, August 2011

Operation gelungen, Rebellion tot

Was Wasserwerfer und Gummiknüppel nicht vermochten, die Unerfahrenheit der Bahnhofsgegner hat es geschafft. Ab Ende Oktober 2010 begann der Widerstand zu bröckeln. Man hatte einen entscheidenden Fehler gemacht: Man hatte die Bewegung von der Straße in den Saal und vor die Fernsehkameras verlegt. Das sogenannte Schlichtungsverfahren unter der Leitung des CDU-Politikers Heiner Geißler spaltete die Bahnhofsgegner und ließ die Proteste immer schächer werden. Das Verfahren hatte sein Ziel erreicht. Der Philosoph Niklas Luhmann war schon zwölf Jahre tot, aber es ist, als habe er es vorausgesehen. Sein kleiner Text aus dem Jahr 1969 ist einfacher zu verstehen, als er klingt:

Funktion des Verfahrens ist mithin die Spezifizierung der Unzufriedenheit und die Zersplitterung und Absorption von Protesten. Motor des Verfahrens aber ist die Ungewissheit über den Ausgang. Diese Ungewissheit ist die treibende Kraft des Verfahrens, der eigentlich legitimierende Faktor. Sie muss daher während des Verfahrens mit aller Sorgfalt und mit Mitteln des Zere-

moniells gepflegt und erhalten werden – zum Beispiel durch betonte Darstellung der richterlichen Unabhängigkeit und Unparteilichkeit, durch Verheimlichung schon gefasster Entscheidungen, im englischen Prozess sogar durch die Regel, dass der Richter vollständig unvorbereitet zur Verhandlung erscheint und ihm alle Einzelheiten mündlich vorgetragen werden müssen. Die Spannung muss bis zur Urteilsverkündung wachgehalten werden. Die Ungewissheit wird nämlich als Motiv in Anspruch genommen, um den Entscheidungsempfänger zu unbezahlter zeremonieller Arbeit zu veranlassen. Nach deren Ableistung findet er sich wieder als jemand, der die Normen in ihrer Geltung und die Entscheidenden im Amt bestätigt und sich selbst die Möglichkeit genommen hat, seine Interessen als konsensfähig zu generalisieren und größere soziale oder politische Allianzen für seine Ziele zu bilden. Er hat sich selbst isoliert. Eine Rebellion gegen die Entscheidung hat dann kaum noch Sinn und jedenfalls keine Chancen mehr. Selbst die Möglichkeit, wegen eines moralischen Unrechts öffentlich zu leiden, ist verbaut.

Quelle: Niklas Luhmann: *Legitimation durch Verfahren*, S. 116
© Suhrkamp Verlag, Frankfurt am Main 1983

Von links unten nach rechts oben

Was links ist, muss nicht links bleiben. Politiker, einmal an die Macht gekommen, neigen dazu, sich den Verhältnissen anzupassen oder, wie sie selbst es gerne nennen, sich »neu zu justieren«. Joschka Fischer ist vom Straßenkämpfer zum Lobbyisten der Energieindustrie und zum Berater von BMW, Siemens und Rewe geworden. Gerhard Schröder war Vorsitzender der Jungsozialisten, als Kanzler wurde er »Genosse der Bosse«, jetzt ist er Aufsichtsratsvorsitzender eines Pipeline-Konsortiums und Direktor eines Ölkonzerns. Dass auch die Politiker der Partei »Die Linke« ihre »Regierungsfähigkeit« durch Vergesslichkeit erlangen, konnte man in der deutschen Hauptstadt sehen.

In Berlin sind die Mieten in den letzten fünf Jahren – also während der rot-roten Stadtregierung – um 17 Prozent gestiegen. Familien mit geringem Einkommen haben zunehmend Schwierigkeiten, in ihren Vierteln zu bleiben. Jedes Jahr wächst die Stadt um Tausende neuer Haushalte – vor allem durch den Zuzug von Singles. Gleichzeitig gibt es Schätzungen, dass in Berlin 80.000 Wohnungen zweckentfremdet werden – sie werden als

Büros und Ferienappartements genutzt, was den Besitzern deutlich höhere Einnahmen beschert.

Anfang September 2011 fand in der Hauptstadt die größte Mieterdemonstration seit zwanzig Jahren statt. Getragen wurden die Proteste von einem Bündnis aus unabhängigen Mieter- und Stadtteilinitiativen. Auf die Teilnahme von Parteienvertretern legten die Demonstranten keinen Wert, erklärten diese sogar ausdrücklich als unerwünscht. Joachim Oellerich, der Sprecher der Berliner Mietergemeinschaft, ist besonders vom »neoliberalen Führungspersonal« der »Linken« enttäuscht:

Wenn diese Partei ein wirkliches Interesse an sozialer Politik hätte, müsste sie damit beginnen, ihre eigene Führungsschicht zu ersetzen.

Zwei Wochen später war die rot-rote Koalition zu Ende. Berlin wird nun von einem Bündnis aus SPD und CDU regiert. Dass sich die Situation der Mieter weiter verschlechtern wird, darf als sicher gelten.

Quelle: Junge Welt, 5.9.2011

Tun, was man sich traut

Was man ungestraft tun darf und was nicht, regeln die Gesetze und die Richter. Was man tut oder nicht tut, hängt aber auch davon ab, wie viel Mut man hat, was man sich traut. Und wie viele Menschen man findet, die das Gleiche wollen wie man selbst.

Eigentlich ist es verboten, eine genehmigte Veranstaltung zu blockieren. Als die Neonazis für den 3. September 2011 in Dortmund einen Aufmarsch ankündigten, wurde diese Veranstaltung genehmigt. Allerdings hatte sich unter den Dortmundern ein so starker Widerstand entwickelt, dass der Oberbürgermeister der Stadt sich zu der Äußerung genötigt sah: »Wir haben den Eindruck, dass es ein breites Bedürfnis gibt, die Nazis zu blockieren.«

Die Polizei hatte im Vorfeld die Demonstranten vor Sitzblockaden gegen die Nazis gewarnt.

Weil der Oberbürgermeister wiedergewählt werden möchte, stellte er sich auf die Seite der Gegendemonstranten:

Er betonte, die Polizei habe Pflichten – der Oberbürger-
meister im Kampf gegen den braunen Sumpf aber auch.

Quelle: WDR.de am 3.11.2011. In derselben Meldung
heißt es, dass die Polizei während der Proteste
über 270 linke Gegendemonstranten festgenommen
habe, darunter ein Drittel Jugendliche.

Guter Aufstand, böser Aufstand

Es ist leicht, Beifall zu klatschen, wenn junge Menschen mit besten Manieren sich friedlich versammeln und mit wohlgesetzten Worten und treffenden Argumenten dagegen protestieren, dass sie trotz ihrer guten Ausbildung keine Zukunftschancen haben. So wurde über die »Empörten« von Madrid und Tel Aviv in den Medien fast durchweg verständnisvoll und freundlich berichtet. Ganz anders, als in London von zumeist schwarzen Jugendlichen Häuser in Brand gesetzt und Geschäfte geplündert wurden. Sofort war vom besinnungslosen Mob die Rede, von skrupellosen Kriminellen, gegen die man mit aller Härte vorgehen müsse.

Gibt es also einen guten und einen bösen Aufstand? Der Autor Georg Seeßlen weigert sich, diese Einteilung gelten zu lassen. »Die moralische Empörung des bürgerlichen Aufstandes und die Energie der sozialen Revolte sind erst gemeinsam wirklich gefährlich«, schreibt er. Und fragt, ob die Rücksichtslosigkeit der Plünderer, die ein Stück vom Kuchen haben wollen, sich wirklich so sehr von der Rücksichtslosigkeit des Bankers unterscheidet.

*Der schlechte Aufstand ändert die Verhältnisse nicht; er
zeigt, wie sie sind.*

Immerhin.

Quelle: Georg Seeßlen: *Ein paar Tage sichtbar sein,*
taz.de, 17.8.2011

Deutschland, Friedensmacht

Kein anderes Land in Europa exportiert so viele Waffen wie Deutschland – die deutsche Militärindustrie ist Europameister und steht weltweit an dritter Stelle als Rüstungslieferant. Der Umfang der Waffenexporte hat sich in nur zehn Jahren verdoppelt. Das Kriegswaffenkontrollgesetz verbietet ausdrücklich die Ausfuhr in Krisengebiete. Wer gegen dieses Gesetz verstößt, kann zu einer Gefängnisstrafe von bis zu zehn Jahren verurteilt werden. Amnesty International enthüllte kürzlich in einem Bericht, dass Deutschland neben anderen europäischen Staaten in den Jahren 2005 bis 2009 maßgeblich an Waffenexporten in den krisenhaften Nahen Osten beteiligt war: »Sie alle lieferten Waffen, Munition und andere Ausrüstung, mit deren Hilfe Polizei und Militär friedliche Demonstranten getötet, verletzt oder willkürlich verfolgt haben.« Von der Verurteilung und Inhaftierung deutscher Rüstungsmanager hat man seitdem nichts gehört.

Im Mai 2011 wurde die Aktion »Aufschrei – Stoppt den Waffenhandel« gegründet. Ihr gehörten nach kürzester Zeit bereits über hundert Organisationen mit vielen tausend Mitgliedern an. Die Aktion setzt sich dafür ein, den Export von Rüstungsgütern generell zu verbieten, und schlägt deshalb eine Änderung des Artikels 26 (2) des Grundgesetzes vor. Dieser soll künftig lauten:

Kriegswaffen und sonstige Rüstungsgüter werden grundsätzlich nicht exportiert.

Jürgen Grässlin, Sprecher der Aktion und »Deutschlands bekanntester Rüstungsgegner« (»Die Zeit«) erhielt am 1. September 2011 den angesehenen Aachener Friedenspreis. In seiner Rede sagte er:

Wenn Deutschland – der Europameister – aus dem Geschäft mit dem Waffenhandel aussteigt, sind wir dem weltweiten Frieden ein Stück näher. Stellen Sie sich diese Wucht vor, die wir in Zukunft mitbringen werden, wenn wir in den Vereinten Nationen als Friedensmacht auftreten – und nicht länger als der Hoflieferant menschenrechtsverletzender Regierungen und diktatorischer Regime.

Quellen: amnesty.de am 19.10.2011; juergengraesslin.com

Survival of the fittest

Im Grundgesetz sind die Regeln festgelegt, nach denen alle Menschen in Deutschland zusammenleben sollen. Nach den Erfahrungen der Nazi-Diktatur und des Krieges bestanden die drei westlichen Besatzungsmächte darauf, dass aus Deutschland künftig ein freier Staat werden solle, in dem alle Menschen in Gleichheit und Freiheit leben und ihre Regierung wählen dürfen. In Artikel 20 wird formuliert, wie Deutschland organisiert sein soll: als Demokratie, als Rechtsstaat und als Sozialstaat.

Nirgends im Grundgesetz steht, auf welche Weise wir wirtschaften sollen. Nirgends in unserer Verfassung ist festgelegt, dass Deutschland ein kapitalistischer Staat sein muss. Trotzdem hat man uns angewöhnt, Demokratie und Kapitalismus zusammen zu denken, als seien sie siamesische Zwillinge, als sei der Kapitalismus ein Naturgesetz der Demokratie. Wer das bezweifelt, wird gerne als Verfassungsfeind bezeichnet. Dabei sind es gerade die großen privatwirtschaftlichen Unternehmen, die immer wieder versuchen, ihre Interessen gegen die Interessen der Mehrheit der Bevölkerung, also gegen die Demokratie durchzusetzen. Warum das so ist, hat kaum jemand anschaulicher geschildert als Lester Thurow – ein Wirtschaftswissenschaftler und führender Berater mehrerer amerikanischer Präsidenten.

Demokratie und Kapitalismus haben zwei sehr unterschiedliche Haltungen zur angemessenen Verteilung von Macht. Die Demokratie beruht auf der absolut gleichen Verteilung von politischer Macht: ein Mensch, eine Stimme. Während der Kapitalismus darauf beruht, dass der ökonomisch Stärkere den Schwächeren aus dem Geschäft wirft und ihn vernichtet. »Survival of the fittest« und ungleiche Machtverteilung, das ist es, worum es dem kapitalistischen Wirtschaften geht. Individueller Gewinn ist das oberste Gebot, und der Zweck der Unternehmen ist es, wirtschaftlich zu sein, um Reichtum zu schaffen. Um es schlicht auszudrücken: Kapitalismus ist bestens mit Sklaverei vereinbar. Demokratie nicht.

Quelle: Lester Thurow, amerikanischer Wirtschaftswissenschaftler und Berater mehrerer US-Präsidenten, in: *The Future of Capitalism*, New York 1996, S. 242

Alt, aber zu gebrauchen

Karl Marx und Friedrich Engels haben keine Mauern gebaut. Sie haben niemanden bespitzelt, niemanden gefoltert und niemanden ins Lager geschickt. Sie haben Bücher geschrieben, in denen sie sich manchmal irrten und oft recht hatten. Sie wollten nicht, dass sich die Welt nach ihren Ideen richtet; sie wollten sich die Welt erklären.

Marx war Philosoph, Ökonom und Journalist und befreundet mit dem deutschen Dichter Heinrich Heine. Engels war der Sohn eines Baumwollfabrikanten, machte eine Ausbildung zum Kaufmann, arbeitete ebenfalls als Journalist und studierte Philosophie. Die Zusammenarbeit von Marx und Engels begann im Jahr 1845. Noch im selben Jahr schrieben sie ein Buch, das später den Titel »Die deutsche Ideologie« tragen sollte. Obwohl ihnen utopische Träumereien fremd waren, stellten sie sich dort vor, wie eine Welt aussehen könnte ...

... *wo Jeder nicht einen ausschließlichen Kreis der Tätigkeit hat, sondern sich in jedem beliebigen Zweige ausbilden kann, die Gesellschaft die allgemeine Pro-*

duktion regelt und mir eben dadurch möglich macht, heute dies, morgen jenes zu tun, morgens zu jagen, nachmittags zu fischen, abends Viehzucht zu treiben, nach dem Essen zu kritisieren, wie ich gerade Lust habe, ohne je Jäger, Fischer, Hirt oder Kritiker zu werden.

Drei Jahre später veröffentlichen Marx und Engels gemeinsam ihr berühmtestes Buch – »Das Kommunistische Manifest«. Auch dort wagen sie den Blick in eine andere Welt. Schöner, genauer und freier ist wohl selten ein Zukunftsentwurf formuliert worden:

An die Stelle der alten bürgerlichen Gesellschaft mit ihren Klassen und Klassen-Gegensätzen tritt eine Association, worin die freie Entwicklung eines Jeden die Bedingung für die freie Entwicklung Aller ist.

Das Pippilotta-Manifest

Es ist merkwürdig: Wir sind frei und fühlen uns ohnmächtig. Wir leben in einem reichen Land und sehen die Armut wachsen. Uns steht alles Wissen zur Verfügung, und doch sind wir verwirrt. So verwirrt, dass wir manchmal sagen, wir verstehen die Welt nicht mehr. Oft denken wir vage: Es muss etwas geschehen. Aber wir wissen nicht, was geschehen müsste.

Wir wissen, dass es einen Gegner gibt. Aber dass wir diesen Gegner nicht sehen, lässt uns fast verzweifeln. Unser Gegner hat die Macht. Er hat die Macht des Geldes. Und er hat die Macht der Meinungen. Er hat vieles und viele unterhöhlt. Er hat uns unserer schönsten Wörter beraubt. Es scheint, als wäre er unbesiegbar.

Man hat uns gelehrt, ich zu sagen. Wir haben verlernt, wir zu sagen. Man wollte, dass wir es verlernen. Man hat uns ein Tuch vor das Fernrohr gehängt.

Manchmal lesen wir in Büchern von früheren Kämpfen und sind erstaunt, was dort berichtet wird. Dass der

Einzelne nicht kleiner wird, wenn er sich mit anderen zusammentut, sondern größer, klüger, schöner, freier.

Ein Paradies auf Erden könne es nicht geben, sagt man uns. Mag sein. Aber erträgliche Zustände wären möglich. Erträgliche Zustände hier, die nicht darauf gründen, dass sie anderswo unerträglich sind.

Manchmal flackert etwas auf – für ein paar Tage oder Wochen. In Madrid, in London, in Athen, in Santiago de Chile, in Rom und Paris. Und nun auch hier. Es knirscht schon öfter, es knirscht schon lauter. Manchmal brennen Autos. Scheiben gehen zu Bruch. Wasserwerfer werden in Stellung gebracht. Schlagstöcke trommeln auf Schilde. Es geschieht, was geschieht. Dann herrscht wieder Ruhe. Und die Hoffnung scheint im Gerede und Geflimmer unterzugehen.

Wir brauchen Geduld und Ungeduld.

Es wird Aktionen geben. Einsame und gemeinsame. Die Wahrheit sagen ist schon eine Aktion. Die Mutigen gehören dazu. Die Zauderhaften und Ängstlichen gehören dazu. Was wir haben, ist die Kraft der Schwachen. Manche werden sich organisieren, werden Gruppen bilden, Trupps, Parteien. Andere werden lieber alleine bleiben.

Es gibt uns in den Parlamenten und außerhalb der Parlamente. In den Gewerkschaften und außerhalb der Gewerkschaften. Es gibt uns in den Kirchen, in den Clubs und auf der Straße.

Jeder entscheidet in jedem Moment: gut oder schlecht. Richtig oder falsch. Wir sind nicht ohnmächtig, auch wenn wir uns oft so fühlen. Wir haben einen Spielraum. Manchmal ist es die richtige Entscheidung, alle Rechner lahmzulegen.

Nicht alle müssen mit allen Aktionen einverstanden sein.

Ein kleines Lied, der Ruf eines Vogels kann uns in Bewegung setzen. Wir gehen in ein Museum und sind stärker, wenn wir es verlassen. Wir betrachten ein Bild und lernen sehen. Wir hören eine Sinfonie und sind hinterher genauer. Wir lesen ein Buch und werden klüger.

Fehler wurden gemacht. Wir dürfen sie nicht leugnen, auch wenn sie beschämend sind. Einen Moment großer Scham vergisst man nicht. Die Fehler sind unser Kapital. Wir müssen aus ihnen lernen. Nur die Wahrheit ist befreiend.

Die Toten gehören dazu. Sie erzählen, wo wir herkommen und wohin es mit uns kommen kann. Wir bestehen aus Vergangenheit. Wir müssen von den Toten lernen.

Wir denken gerne. Alles ist zu bezweifeln. Nichts Menschliches ist uns fremd. Wir müssen alles wissen. Wir nehmen das Tuch vom Fernrohr und schauen in die Sonne.

Armut und Hunger sind uns zuwider. Dummheit ist uns zuwider. Unrecht ist uns zuwider. Willkür ist uns zuwider. Korruption ist uns zuwider. Fremdenfeindlichkeit und Antisemitismus werden wir bekämpfen. Wir holen uns unsere schönsten Wörter zurück: Freiheit, Gleichheit, Schwesterlichkeit, Brüderlichkeit. Wahrheit, Schönheit, Güte. Wir stellen die Frage nach dem Eigentum.

Wir wissen noch nicht genau, wo es hingeht, aber wir wissen, dass es so nicht weitergehen darf. Wir wissen: Es wird auf uns ankommen.

Pippilotta

Quelle: Flugschrift, verteilt auf einer Demonstration in Frankfurt am Main, am 19.5.2012

Am Grunde der Moldau wandern die Steine
Es liegen drei Kaiser begraben in Prag.
Das Große bleibt groß nicht und klein nicht das Kleine.
Die Nacht hat zwölf Stunden, dann kommt schon der Tag.

Bertolt Brecht

Inhalt